東北アジア平和共同体構築のための倫理的課題と実践方法

「IPCR国際セミナー2012」からの提言

世界宗教者平和会議日本委員会 編
山本俊正 監修

アーユスの森新書
009

はじめに

関西学院大学教授
山本俊正

戦後の平和理論のなかで、もっとも国際政治の舞台で一般的に叫ばれたのが抑止論、抑止理論であった。東北アジアの国々においても、安全保障、平和理論の基本的枠組みは抑止論である。抑止理論とは、軍拡という言葉とセットで表現される。相手が軍備を増大させれば、それに対応して、こちらも増強させる。そのことによって、相手の攻撃の意図を食い止め、押さえ込むという理論である。抑止論は、軍備によって平和を実現することが発想の基本にある。「相手国は基本的に悪である」が前提となる。相手を信じない、倫理的には性悪説と言える。一九八〇年代のレーガン大統領は、「ソ連は悪魔の体制」、ブッシュ大統領は、「イラン、イラク、北朝鮮は悪の枢軸国」と呼んだ。抑止論は、敵に勝る力を持つことによって戦争の抑止が可能となる「平和論」であるため、限りない軍拡競争となる。無限の悪循環をもたらす。抑止論の究極は国単位の「核抑止論」となる。この抑止論の克服の試みはヨーロッパで二〇世紀の後半に開始された。一九九〇年の「ベルリンの壁」崩壊以降、ヨーロッパではEC（ヨーロッパ共同体）がEU（ヨーロッパ連合）に拡大発展し、経済統合の実現、共通の外交、共通の安全保障政策が進められた。様々な困難や課題があるものの、ヨーロッパでは「国家の安全保障」から「共同体の安全保障」へと根本的な変化が起きている。国家の枠組みを超え、お互いの信頼関係に基づく、平和共同体の構築への挑戦が続けられている。

冷戦の終わりとともに、アジアにおいてもAPEC（アジア太平洋経済協力会議）やASEAN（東南アジア諸国連合）、ASEAN地域フォーラム、また、ASEANプラス3（日本、韓国、中国）などが形成された。すなわち、政府主導の「東アジア共同体」構想の原型といえる。しかし、これらの地域協力の枠組みは、経済協力を主な目的としている。また、東北アジア地域では、近代以来の歴史的経緯から深刻な分断が続き、相互信頼関係は非常に弱い。ここ数年、領土問題、歴史認識問題、戦後処理などをめぐって、日韓、日中関係はこじれている。また、南北朝鮮、中朝、日朝の関係も核、ミサイル、拉致問題をめぐって緊張状態が継続している。冷戦構造が依然として残っている東北アジア地域では、多国間の地域的な平和構築の枠組みは、現在、機能していない。北朝鮮をめぐっての六ヵ国協議があるものの、長きにわたって中断されている。現存するのは、米国との軍事を中心とした二国間同盟で、日米、韓米の同盟が基本的枠組みとなっている。平和や安全保障の問題は、東北アジア地域の人々によって決定されるのではなく、米国の利益や戦略の問題として議論されることが多い。東北アジア地域は中国、北朝鮮を除いて、米国を中心軸とした、二国間の軍事同盟ネットワークとなっている。

ＩＰＣＲ国際セミナーは二〇〇九年より、「東アジア平和共同体の構築」を主題に国際社会の役割や宗教の果たす役割を副題として毎年、開催されている。日本、韓国、中国の宗教者、研究者、ＮＧＯ、ＮＰＯの代表が集い、叡智を集め、平和のネットワークを形成している。戦争と暴力の時代が二度とこの地域を席捲することがないよう願い、平和を創り出そうとする小さな試みが継続されている。二〇世紀に二つの大きな戦争を経験した人類は、集団安全保障の仕組みとして、国際連盟や国際連合を組織した。第二次世界大戦末に生まれた国際連合憲章（一九四五年）では、武力による威嚇、武力の行使が禁じられている。前述のように、ヨーロッパでは、再び悲惨な戦争を起こさないために、ＥＣやＥＵが組織された。東北アジア地域においては、残念なことに、現在も国家間の平和秩序の構築は、「抑止論＝軍拡」の枠組みを一歩も出ていない。私たちは平和の構築を国家に丸投げし、国家の受益者か被害者として安住することはできない。東北アジア地域の非国家主体である自治体、市民社会、宗教者、NGOが、国境を越え相互の信頼関係を深め、平和のネットワークを再構築し、強化することが求められている。

二〇一二年六月九日から一一日まで、韓国・ソウル市内にあるオリンピックパークテルを会場にして、韓国宗教平和国際事業団（International Peace Corps of Religions＝IPCR）主催による国際セミナーが開催された。韓国文化体育観光省、アジア宗教者平和会議（ACRP）、韓国宗教人平和会議（KCRP）が後援した。主題は「東北アジア平和共同体構築のための倫理的課題と実践方法」であった。日本、韓国、中国の宗教者、学者、市民団体代表など約四〇人が参加した。この国際セミナーは、東北アジア平和共同体の構築に向けて、私たち、特に宗教者が直面する様々な課題と具体的な方策を討議することを目的として、昨年に続いて実施された。特に、昨年のセミナーにおいて、東北アジアの平和共同体を構築するにあたり、普遍的な共通の倫理とは何かを検討する必要性が認識された。今回のセミナーでは、この共通の倫理規範を政治、経済、社会・文化の側面を切り口とし、検討、討議が展開された。セミナーは前記の主題をめぐって、基調講演に続き、①政治的側面から見た東北アジア平和共同体構築のための倫理的課題と実践方法、②経済的側面から見た東北アジア平和共同体構築のための倫理的課題と実践方法、③社会・文化的側面から見た東北アジア平和共同体構築のための倫理的課題と実践方法、の三つのセッションが設けられた。それぞれのセッションにおいて、基調発題がなされ、その基調発題に対して、日・韓・中、複数の参加者が応答発表を行ない、基調発題と応答発表に基づいて活発な討議が行なわれた。最終日の全体会議では、今回のセミナーでの議論の振り返り、今後の進め方について討議され、各議論、提案の具体化、次回のセミナーを日本で開催することが決定された（二〇一三年七月四日から七日まで、神奈川県横浜市にて開催された）。

以下はセミナーの概要及び各発表者の論題である。

第一日目（六月九日）、参加者の登録と受付の手続を経た後、主催者による歓迎夕食会が開催された。歓迎レセプションでは、韓国キリスト教教会協議会（ＫＮＣＣ）総幹事の金英周牧師が開会挨拶をした。金牧師は、東北アジア平和共同体構築のために、「宗教的価値が優先されるように努力していかねばならない。宗教者が語る正義と平和、慈悲と愛が、内的に留まるだけの言語ではなく、個々の良心に、また共同体の基礎意識に据え付けられるような議論がなされることを願います」と、セミナーへの期待を述べられた。また、歓迎レセプションの中で、前回セミナー（二〇一一年九月一五日―一七日）の日本側からの報告書が新書にまとめられ、出版されたことが報告された。

第二日目（六月一〇日）、開会式にて、主催者側を代表して、ＩＰＣＲ所長でＡＣＲＰ事務総長でもあり、かつ韓国国会議員である金星坤博士より挨拶がなされた。金博士は、「各国間の対立を解消し、平和の架け橋となり、平和を定着させる役割を果たして頂きたい」と述べられた。開会式の後、全体会議において丁世鉉氏（韓国）より「東北アジア平和共同体構築の必要性とその方向性」と題して、基調講演が行なわれた。それに続いて、第一セッションが次のような形で進められた。

第一セッション「政治的側面から見た東北アジア平和共同体構築のための倫理的課題と実践方法」

基調発題

犬塚直史（日本）「東北アジアの信頼醸成とＨＲＴＦ（国際緊急人道支援部隊 Humanitarian Relief Task Force）構想」

応答発表

金永完（韓国）「儒教倫理と東北アジア平和共同体の人権保護体制」

厳海玉（中国）「韓国『在外同胞法』に対する再度の違憲訴訟」

趙長衍（韓国）「犬塚直史「東北アジアの信頼醸成とＨＲＴＦ（国際緊急人道支援部隊 Humanitarian Relief Task Force）構想」に対する所感」

林炯眞（韓国）「東北アジア平和共同体の構築と南北朝鮮（半島）問題」

山本俊正（日本）「東北アジア平和共同体の構築——国際政治における倫理的挑戦と最良の実践」

第二セッション　「経済的側面から見た東北アジア平和共同体構築のための倫理的課題と実践方法」

基調発題

孫炳海（韓国）「東北アジア経済共同体の成立を通じた倫理的市場経済秩序の創出」

応答発表

川本貢市（日本）「日本人仏教徒からみた消費社会に関する一考察」

李道剛（中国）「東アジアの伝統と共同体の市場規律」
呉尚烈（韓国）「経済的側面から見た東北アジア平和共同体構築のための倫理的課題と実践方法」

第三日目（六月一一日）

第三セッション 「社会・文化的側面から見た東北アジア平和共同体構築のための倫理的課題と実践方法」

基調発題
刀述仁（中国）「平和のための堅実な社会基盤整備の拡充」
応答発表
眞田芳憲（日本）「東北アジア平和共同体の構築と倫理の社会的・文化的役割と使命」
孫貞明（韓国）「キリスト教の自然理解と生命尊重に基づく平和的な実践」
金道公（韓国）「「社会・文化的側面から見た東北アジア平和共同体構築のための倫理的課題と実践方法」に対する討論」

李基浩（韓国）「東北アジア平和共同体構築のための倫理的課題と実践方法——市民社会的な文脈で」
村上泰教（日本）「東北アジア平和共同体構築のための現代の生きた倫理観と食と自然への敬意」

本書は、この国際セミナーにおける基調講演及び各セッションでの発表・報告を時系列に整え、編集したものである。各セッションでの討議、全体会議では、参加者の提出した論文、報告に対して多くの意見、提案が寄せられ、実りある議論が展開された。紙面の制約もあり、以下はそれらのほんの一部であるが、監修者の印象に残った発言内容を紹介し、議論が持つ意味について主観的に短く解説を試みたい。

第一は基調講演の中で丁世鉉氏が提起した、朝鮮半島における安全保障の枠組みとしての六ヵ国協議再開の緊急性に関してである。六ヵ国協議は二〇〇七年三月の開催を最後に現在（二〇一四年七月）に至るまで、開催されていない。丁氏が指摘するように、北朝鮮の核問題が表面化して以来、既に二〇年以上が過ぎようとしている。北朝鮮が日・米・韓の軍事的包囲網の中に置かれていることを理由に、核保有を必要悪として是認する立場の議論もあるが、北朝鮮の核開発問題は、東北アジア地域全体の脅威であることは間違いない。しかし同時に核保有国を含む周辺国は、北朝鮮を軍事的に脅かしてはならないであろう。北朝鮮を六ヵ国協議のテーブルに招き、対話を開始することが重要である。北朝鮮は、一九九二年、韓国との間で締結した「朝鮮半島の非核化に関する共同宣言」及び、丁氏も言及している二〇〇五年九月、六ヵ国協議で合意した「朝鮮半島の非核化実現のための共同声明」を再確認する必要がある。東北アジア平和共同体の構築は、国家間レベルにおける核問題の解決が大前提となる。ここで気づかされるのは、東北アジアの平和を論じる時、通常、私たちは日・韓・中の議論をその中心軸としていることである。日・韓・中を構成国の柱とすることは、重要なことだが、北朝鮮の参入を除外することは、北朝鮮側から見れば、自分たちを包囲する「平和」構想と受け取られる危険性もある。各国が北朝鮮との戦争の可能性を極小化し、ゼロにすべく努力をすることが北朝鮮との信頼醸成の基本となる。そして、北朝鮮が、戦争の可能性はないと信じるような政治状況を国際的に創り出すことが重要である。「東北アジアの平和共同体」の構築は、北朝鮮を包括して構想されるべきであり、当然、そのプロセスには、南北朝鮮の和解と統一、日本と北朝鮮の国交回復が射程に入ってくるべきだと考えられる。北朝鮮を含めた対話の枠組みは、ＩＰＣＲ国際セミナーにおいても、これまで毎回のように議論されている。本セミナーにおいても、近い将来、北朝鮮からの代表者の参加を実現させることが、東北アジア平和共同体の構築の新たな第一歩となるであろう。

第二は、「政治的側面」から犬塚直史氏が発題した、国際緊急人道支援部隊（HRTF）の創設とその可能性について取り上げたい。犬塚氏は、「アジア・太平洋地域の安全保障のための基本政策としてHRTFの設立」を提案し、HRTFは大規模自然災害に対する常設の、緊急展開が可能な、多国籍の、そして民・軍協力の試みである、としている。前回のIPCRセミナーにおいても、東日本大震災をめぐる津波、原発事故という複合災害に対して、被災を日本だけの問題としてではなく、東アジア平和共同体の問題として議論されたことは記憶に新しい。前回セミナーでの東日本大震災に関する特別報告では、東アジア各国からの支援の現状が報告され、震災を日本社会の転換点としてとらえる卓越したレポートが提出された。この報告で指摘されたように、東日本大震災の被災者のために、世界各国、特にアジアの国々から多額の義捐金が送られ、救助隊の派遣など人道的支援が行なわれた。犬塚氏が提案するようなHRTFが実現すれば、自然災害というマイナスの契機をプラスの契機に転換する可能性がさらに高まるであろう。自然災害の被災者に対して、アジアや世界の隣人たちが苦難を共に分かち合い、助け合うことは、東アジア平和共同体を作り出す実践として大きな意味がある。しかし同時に、HRTFが国家間で構成される国連機関として位置づけられていること、また民間NGOなどが軍隊と協働することが示唆されていることは、注意しておかねばならない。果たして民間NGOと軍隊は協働が可能であろうか。また、軍隊はNGOの活動に制限を加える可能性はないのであろうか。日本国際ボランティアセンター（JVC）顧問の熊岡路矢氏は、自衛隊によるNGO活動の保護に関して、その危険性を次のように述べている。「政治的に複雑、微妙な紛争地では、中立性と公正性の維持こそがNGOの安全を支える。軍隊と関わりのある組織と混同されれば、攻撃の対象になりかねない。そもそも、ピラミッド型の大組織である軍隊が、広く薄く臨機応変に活動するNGOを救援するのは、非常に難しくリスクが高い」（朝日新聞「私の視点」二〇一四年六月一九日付）。HRTFの活動が、NGOの支援活動ではないにせよ、また紛争地での災害支援に限定されてはいないにせよ、軍隊との協働にはリスクが伴うことを銘記する必要がある。

第三は、金永完氏によって発表された「儒教倫理と東北アジア平和共同体の人権保護体制」についてである。金氏は、東北アジアに共通する倫理的基盤として儒家の思想を取り上げ、説得力のある議論を展開している。金氏が指摘するように、東北アジアにおいても多様な宗教が存在し、一つの宗教に限定して倫理的基盤を考察するのは困難である。儒家の思想は、東北アジアにおいて仏教や道教、キリスト教にも影響を与えている。また儒教は、漢字文化圏に広く伝播され、東北アジア地域に住む人々の行動様式にも大きな影響を与えている。金氏は、東北アジアに住む人々が、宗教を持っているか否かは別として、言わば人々の遺伝子の中に儒教の成分が含まれている、と述べている。儒教が組織化された創唱宗教であるというよりは、東北アジアに住む人々の習俗、慣習、エートスとして根付いている。儒教は、ある意味で宗教を超え、東北アジアの社会、文化の基層を形成しているともいえる。しかし同時に、社会心理のように人々の生活文化に長い間染みついた倫理思想は、古色蒼然とした伝統、しきたりを人々、特に若者に想起させる特色を持っているのではないだろうか。また、金氏も指摘するように、儒家思想には、東北アジア平和共同体構築のための現代的な基盤が不足している。すなわち、厳格な上下関係による秩序と忠誠を強調する儒教は、過去においても東北アジアの諸王朝の君臨と支配、抑圧を正当化する政治倫理として機能した。儒家思想を現代の東北アジアの平和共同体に通底する生きた共通基盤とするためには、儒家思想を現代的に再解釈し、再評価し、再活性化することが求められるであろう。金氏は儒教が自己革新を行ない、過去の為政者が創り出したロジックを超え、「人権保護体制」に転換することを主張している。またこの転換の主体は「暴君」や為政者ではなく、民衆が主体となり平和共同体形成のための「人権保護体制」を創出することが提案されている。注目すべき論考ではないだろうか。

第四、最後に、「経済的側面」から孫炳海氏によって発題された、「東北アジア経済共同体の成立を通じた倫理的市場経済秩序の創出」に触れてみたい。孫氏は東北アジア経済共同体の構築を念頭に、世界を席捲する市場経済秩序の倫理化、東洋の倫理思想を共有する日・韓・中による新たな経済共同体の可能性を意欲的に論じている。孫氏は、新自由主義市場経済秩序の最大の問題点を競争第一主義思想による利潤追求とし、経済思想の倫理化という試論を展開している。孫氏は資本主義市場経済秩序に対して、倫理的市場経済秩序の創出と転換を仮説命題とし、経済圏別のＧＤＰ、対外貿易、域内貿易などの統計資料を用いながら実証的に議論を展開している。また東北アジア経済共同体の文化的基盤として儒教文化の共通性を取り上げ、東北アジア共同体は長期的に、市場経済の倫理化、倫理的価値の世界的普及を先導する役割を果たすことができるだろうとしている。第三で論じた金永完氏は儒家思想の持つ体質的弱点として、過去における諸王朝の君臨と支配、抑圧を正当化する政治倫理として機能してきたことを指摘している。しかし、孫氏の論考では、儒家思想の負の側面への言及は非常に少ない。この相違は、東北アジアにおいて儒家思想が政治倫理として、経済的側面よりは政治的支配の思想に接近していたことによるのであろう。また、市場経済の倫理化という命題が、儒家思想にとって全く新しい命題であるからかもしれない。詳細に論じることはできないが、新自由主義経済、市場原理主義はそれ自体がすでに、西洋で生まれた経済正義の倫理を内包している。例えば一九世紀に誕生したベンサムの功利主義は、「最大幸福原理」として市場経済を倫理化している。また、リバタリアニズムと呼ばれる「自由至上主義」も、市場経済における自由を非常に重視し、豊かな人に課税をし、貧しい人に再分配する仕組みを否定する倫理観を提供している。孫氏の論考をより深く理解するためには、市場経済秩序を西欧の倫理の視点から分析することとも必要であろう。

本書の公刊に先だって、二〇一〇年、八月二四日―二七日に開催された「東アジア平和共同体の構築と国際社会の役割」を主題とするＩＰＣＲ国際セミナーの報告と議論が、眞田芳憲世界宗教者平和会議（ＷＣＲＰ）日本委員会平和研究所所長の監訳・監修で出版されている。また、引き続いて、二〇一一年、九月一五日―一七日に開催された「東アジア平和共同体の構築と宗教の役割」を主題とするＩＰＣＲ国際セミナーの報告書も、前書同様にアーユスの森新書として出版されている。本書は、二〇一二年開催のＩＰＣＲ国際セミナーの報告書として三冊目の刊行本となる。これまでの既刊では、主題の地域名称を「東アジア」の平和共同体としてきた。今回のセミナーでは、この地域名称を「東アジア」から「東北アジア」に変更している。「東アジア」は通常、東南アジアを含む広い地域概念である。二〇一〇年、二〇一一年のセミナーでは、欧米を含め、アジア各地からの参加者があった。またそれに伴い、基調発題、応答発表も米国やインドネシアからの参加者が含まれていた。「東アジア」という名称は参加者出身国の地域的広がりと、主題の地域的な視座設定の範囲を反映していたと考えられる。二〇一二年のセミナーでは、参加者の出身国を含め、主題の焦点を「東北アジア」、すなわち日・韓・中の文脈に限定していることが、変更の主な理由である。また、日本語の「東北アジア」という名称は、「北東アジア」としても併用されている。学会や学術書などでも、両者が同列に用いられている。東西を先に言う東洋の伝統的な言い方に従う場合は「東北アジア」を用いる場合が多い。「北東アジア」は英語の Northeast Asia の直訳で、南北を先に言う西洋の言い方に従ったものである。明治以降の新しい使用方でもある。外務省には北東アジア課という呼び名の課があり、英語名をNortheast Asia Divisionとしている。今回のセミナーで「東北アジア」を採用したのは、深い意図があるわけではない。日本で青森、秋田、宮城などを北東地方とは呼ばず、東北地方と呼ぶように、日本語として、より自然な定着度を考慮してのことである。

冒頭にも触れたように、東北アジアの国々、日・韓・中は経済的には強く結びついている。他方、三国の間には近代以来の歴史的経緯から深刻な分断が続き、冷戦状況が残っている。相互信頼は非常に弱い。特に、この過去の歴史的経緯には、日本が軍国主義国家として深い爪痕を残している。国家間の対話と協力が東北アジアの和解と平和に必要不可欠である。しかしそれと同時に、国家の枠組みを超えたNGO、市民団体、宗教者の出会いと交わりが、相互の信頼醸成の希望の種となる。希望の種がやがて芽を吹き、東北アジア平和共同体という実を結ぶことを願ってやまない。本書を通して、各国からの参加者の発表、議論、そして出会いの大切さを、多くの読者と共有できればと心から願っている。

本書の公刊にあたっては、実に多くの方々のご協力とご支援をいただいた。

第一に、金星坤博士のご理解とご支援をいただき、前作と同様、著作権にかかわる問題を解決することができた。金博士のご尽力に重ねて謝意を表したい。また、本書出版の企画について交渉の労をとり、出版業務の遂行に万全の態勢を整えてくれたＷＣＲＰ日本委員会事務局長畠山友利氏、同じく渉外部長の和田めぐみ氏には、その多大な努力に心より感謝したい。

第二に、参加者の報告原稿の翻訳について、韓国語及び中国語から日本語への翻訳作業及び、すでに翻訳された文書を精査していただき、再翻訳を一手に引き受けくださった、中国山東大学副教授の金永完氏に、心から敬意を表し、感謝を申し上げたい。金氏の献身的で正確な翻訳作業がなければ、本書が刊行されることはなかったであろう。なお、邦訳された原稿については、最終的に監修者が目を通し、日本語としての正確さや的確さを検討・精査した。翻訳についての責任は監修者である私にあることをここに明記しておく。

最後に、翻訳原稿及び全体の原稿の校正、編集、校閲に際して、中央学術研究所学術研究室長の藤田浩一郎氏、ならびに佼成出版社図書編集の編集長平本享也氏および大室英暁氏に数々のご協力とご教示をいただいた。心からお礼を申し上げ、感謝の意を表したい。

二〇一四年七月

東北アジア平和共同体構築のための
倫理的課題と実践方法――目次

第一セッション　政治的側面から見た
東北アジア平和共同体構築のための倫理的課題と実践方法

第二セッション　経済的側面から見た
東北アジア平和共同体構築のための倫理的課題と実践方法

第三セッション　社会・文化的側面から見た
東北アジア平和共同体構築のための倫理的課題と実践方法

歓迎の辞

韓国キリスト教教会協議会総幹事
金　英周

平和の挨拶をさせていただきます。

私たちが住んでいる東北アジア地域は、世界から注目を受けているところであります。朝鮮半島の南と北は六〇年以上も対峙状況が続いていますし、今後、中国の急成長がどのように展開していくのか、また日本の経済危機がどのように結論づけられるのかなどを、世界は注意深く見守っているところです。

このように各国の状況は異なる姿で展開していますが、私たちが住んでいる地域を再び観察してみますと、各々の状況がお互いにとってまったく関係のない問題ではなく、東北アジア全体の問題であることが分かります。それは、この地域に古代から続く文化と歴史的関連性に、今日に至ってもさして変化がないことによります。

人類は、長い歳月にわたって強大な力を持つ国家のみが自国民を守ることができ、また長く存続していけると信じてきました。こうした信念は国家主義と密接につながり、大義のためには少数の犠牲は不可避であるという考え方につながってきました。しかし、残念ながら人類が遭遇した最も大きな災難は、こうした国家主義または全体主義によって発生したことを、私たちはよく知っています。

宗教者たちは、このような国家システムのなかに暮らしながらも、全体主義の持つ暴力性に適切に抵抗してきました。人間個々人の存在価値を尊重しない集団は、強大な帝国を形成してもすぐに歴史の向こう側に消えていくことを、私たちはたくさん見てきました。

中国人に一番愛されている歴史小説である『三国志』を見ても、成功した曹操の魏国よりは、失敗者と評するにふさわしい劉備と関羽の国が、より愛されているのではありませんか。民衆は、たとえ困難で大変な状況に処されていても、自分たちを抱えてくれる存在に最も多くの愛情を示すのであります。

東北アジアは地理的、歴史的、そして文化的につながっているため、その中に位置している四つの国はお互いに切り離しては何も語ることができません。歴史における様々な桎《しっ》梏《こく》により苦しんできたこの地域に真正の平和の花が咲くように、誠に多くの人々が「鶴首苦待」（鶴のように首を長くして待ちわびる、の意）しています。

私たち宗教者は、東北アジアの平和共同体を夢見ながら、長い間持続してきた国家の価値ではなく、宗教的価値が優先されるように努力していかなければなりません。これは国家と制度を否定しようとするものではなく、民衆を守ってくれる共同体が、正義に溢れて安定的に長く保たれるための基礎を確実に固めていかなければならないという意味です。

今回の国際セミナーを通して、宗教者が語る正義と平和、慈悲と仁愛が、内的にとどまるだけの言語ではなく個々人の良心に、また共同体の基礎意識に据えつけられるようなすばらしい議論がたくさん行なわれるように心から念じております。

皆様のすぐれた努力のなかに、神様の限りなき恩寵《おんちょう》がありますよう心からお祈りいたします。

（翻訳・金永完）

基調講演

東北アジア平和共同体構築の必要性とその方向性

東北アジア平和共同体構築の必要性とその方向性

丁　世鉉

一、東北アジア平和共同体構築の必要性

今日、世界の経済発展の牽引車の役割を果たしている東北アジアは、経済大国と軍事大国が密集している地域である。アメリカとロシアは、地理的には東北アジア国家ではなかったが、第二次世界大戦後、政治・軍事的に東北アジアの事柄に深く介入しながら、事実上、東北アジアの二国となった。二〇一二年四月に行なわれたＩＭＦ（国際通貨基金）の分析によれば、アメリカは不動のＧ１、中国はＧ２、日本はＧ３、ロシアはＧ９、韓国はＧ15に配列されている。

ところで、問題は東北アジアの軍事力が恐るべきレベルにあるという事実である。アメリカの軍事費は、アメリカを除く全世界の全ての国家における軍事費の総額に匹敵する実情にあり、北朝鮮の核開発問題を話し合う六ヵ国協議の参加国の軍事費の合計は、全世界

の軍事費の三分の二を超過している。兵力だけを見ても、一一五万人もある北朝鮮軍とその軍事装備（ミサイルなど）が手強いものであるということは、再論の余地がない。それに加えて、東北アジアには三大核保有国（米・ロ・中）と「核保有を主張する国家」（北朝鮮）が一つある。韓国と日本は、まだ核兵器を開発していないが、科学・技術の面においては既にそれが可能な水準に至っているといえる。

このように東北アジアは爆発する可能性の高い地域であるが、最近、国家の利益（国益）が衝突する過程を通じて冷戦の気流が再び現れているような兆しが漂っている。冷戦時代における米・ソ関係ほどではないが、さまざまな面で米・中間において衝突が発生している。しかも、中国と日本、ロシアと日本、韓国と日本との間では、領土問題で神経戦が続いている。南北朝鮮の関係が断絶してから韓・米・日の軍事協力が強化されると、北・中と、北・ロ関係が再び緊密になり、中・ロが西海（黄海）において合同軍事訓練まで行なうようになった。

産業革命後の一九世紀後半、生産力が急増したヨーロッパ諸国が消費市場と資源供給基地を取り囲んで角逐をする過程で、国益をめぐる衝突を事前に調整する制度や機能がなかったために第一次世界大戦が勃発した。第二次世界大戦も、ヨーロッパと東北アジアにおける旧勢力と新興勢力との間において、国益をめぐる衝突を調整する制度や機能がなかったために勃発してしまったと言うことができる。

現時点で、東北アジア諸国の経済力の伸張の趨勢と軍事力の規模、相互関係の複雑さに照らしてみると、地域の平和と安全保障の問題が事前に調整されなければ、今後この地域において「大衝突」が発生しないという保証はないのである。東北アジア諸国が互いに挑発と膺懲《ようちょう》（外敵を征伐すること）、組み分け、同盟強化等の鼬《いたち》ごっこをする渦中に、「ある一方」の誤った判断で小規模の衝突が起き、それがまた大衝突にエスカレートすると、それは東北アジアの災いだけで終わらず、地球全体的な災禍と化すであろう。

問題は、東北アジアでこのような組み分けが再現され、かつ、六ヵ国協議が漂流している間に、このような「隙間の時間」に北朝鮮が実際的な核保有国家に変身する可能性が高いということである。東北アジア平和共同体が一日も早く構築されなければならない必要性は、まず北朝鮮の核保有国家化への可能性のためにも提起されているのである。北朝鮮が長い間、多方面において窮地に追い込まれていたとすれば、先に言及した「ある一方」が北朝鮮になる可能性が大きい。去る五月初旬、オルブライト元米国国務長官がシカゴ国際問題評議会（The Chicago Council on Global Affairs：ＣＣＧＡ）のセミナーにおいて、二〇〇〇年一〇月に金正日北朝鮮総書記に会った話をする際に、北朝鮮を「危険な発火点」(flash-point)と指摘したことは、決して誇張ではない。

このように考えると、東北アジアの大衝突を予防できる平和共同体は、我が韓国が一番必要としていると言うことができる。

二、東北アジア平和共同体に対する構想

金大中元大統領は、退任後の二〇〇四年六月三〇日に訪中して、江沢民前中国国家主席と会った席で、「北朝鮮の核問題を解決した後にも、六ヵ国協議を解散せずに韓(朝鮮)半島と東北アジアの平和を保障する常設の協力機構にしよう」と提案した。これに対し、金・江会談に陪席していた当時現職の外交担当国務委員であった唐家璇は、「六ヵ国協議を韓(朝鮮)半島における新しい平和体制に昇華させせようとする閣下の意見に同意する。韓(朝鮮)半島で早速、新しい機構が誕生しなければならない」と述べた。

東北アジア平和共同体の構築に関わる「金大中構想」の実現可能性がなかったならば、中国はこんなに積極的には反応しなかったであろう。中国外交の伝統を勘案すれば、八年前のことだからといって、また六ヵ国協議が漂流しているからといって、過去のことと見

なしてしまうことはないであろう。北朝鮮の核問題の深刻さのため、韓・米の大統領選が終われば六ヵ国協議は再開されるであろう。そうなると、「金大中構想」は再び生命力を持つようになろう。

残念ながら、「金大中構想」は中国が積極的に支持するほど、合理性と実現可能性を秘めてはいるものの、具体的な方法論が抜けている。それでは、このような構想を東北アジア平和共同体の構築に繋《つな》げられる具体的な方法は何であろうか？　結論から言えば、平和共同体を構築するためには経済共同体から始めるか、両者が表裏の関係および相互依存関係を成すようにしなければならない。

平和問題が取り上げられる度に「平和を望むなら、戦争を準備せよ」というラテン語の警句を引用しながら安全保障体制強化の必要性を主張する人々が存するが、そのような平和は敵に侵略されていない状態において享受し得る平和で、不安な平和または消極的な意味における平和にすぎない。我々の話の糸口である東北アジアの平和は、不安な平和、消極的な意味における平和ではなく、積極的な意味における平和、持続可能な平和である。「平和の維持」（Peace Keeping）や安全保障の強化だけでは持続可能な平和や積極的な意味における平和を期待することができない。積極的な意味における平和を定着させるためには、「平和の構築」(Peace Making) が必要であり、このためには関係諸国が軍事同盟よりも共同繁栄の重要性に目を開くようにしなければならない。

軍事的に敵対し合えば互いに損害を被り、軍事的方法を使えば得より失が一層大きいと判断したときに初めて妥協を模索するようになるが、こういう状況は当事国の間において経済的に密接な関係が形成されたときにこそ、初めて醸成されると言うことができる。持続可能な平和は、持続的な経済協力と表裏の関係、相互依存関係、土台と上部構造の関係にあると言える。

安重根義士も、東北アジアの平和のためには、東北アジア諸国間において経済協力を行なう必要があると力説したことがある。安義士は、一九〇九年一〇月二六日、ハルビン駅で伊藤博文を射殺した後、旅順監獄で受刑生活をする中、『東洋平和論』を執筆していた。その執筆途中、一九一〇年三月二六日に死刑が執行されることによって、未完成に終わったこの短い著作の中で、東洋平和のために必要な以下の三点を主唱した。①東洋平和会議の召集、②東洋三国の共同銀行の設立および共用貨幣の発行、③旅順港の国際港化、がそれである。この「武人」すら平和のためには経済協力が必要であると力説していたということは、我々に示唆するところが大きい。

三、地域平和共同体構築の成功事例と経験

第二次世界大戦後、理念的・政治的・軍事的に敵対していた西ヨーロッパと東ヨーロッパの諸国は、一九七五年、ヘルシンキ宣言を採択し、ヨーロッパ諸国間の領土尊重と相互安全保障の原則のもとに、経済・科学技術・環境分野ならびに宗教・人権など人道的な分野において協力し合いながら、「ヨーロッパ安全保障協力会議」（Conference on Security and Cooperation in Europe：ＣＳＣＥ）という協議体を通じて相互安全保障の協力と平和問題を協議してきた。一九八九年一二月三日に発せられた「マルタ宣言」によって、東西間の冷戦が幕を下ろすことになったのは、このようにヨーロッパ諸国が経済・科学技術・環境ならびに宗教・人権などの分野における協力を、相互安全保障と並行して発展させたおかげであると言うことができる。一九九四年一二月、ヨーロッパ諸国は、遂にブダペスト首脳会議を通じ、それまで非常設協議機構であったヨーロッパ安全保障協力会議を、常設機構としてのヨーロッパ安全保障協力機構（Organization for Security and Cooperation in Europe：ＯＳＣＥ）へと発展させるに至った。

このようにしてヨーロッパに平和共同体が構築されて以来、今日のヨーロッパでは民族

間の紛争や経済危機についてのニュースは耳に入ってくるものの、国家間の戦争や軍事的衝突についてのニュースはあまり聞かない。第一次・第二次世界大戦の発源地であったヨーロッパで、外交上の条約や協定だけでは期待できないことが起こったわけだが、その要諦は、ヨーロッパ諸国が互いの必要のため安全保障と経済・科学技術および人道分野における協力を構造的に連携させたという点である。

南北朝鮮の間にも類似した経験が存在する。金大中政権と盧武鉉政権の一〇年間は南北間経済・社会・文化の分野における交流・協力が活性化し、DMZ（demilitarized zone／非武装地帯）のすぐ東北側には金剛山観光地区が、西北側には開城工業地区が開発された。DMZを横断しての交流・協力により、相互間の必要に応じて朝鮮戦争以後、五〇年間も断絶していた鉄道と道路の連結を余儀なくされた。このために、DMZの中における一部の区間の鉄条網と地雷を除去せざるを得なかった。二〇〇四年一〇月二五日、ソウルを訪問したパウエル米国国務長官は、「人工衛星写真で見たDMZを横切る平和の高速道路（Peace Expressway）は印象的だった」と述べた。

DMZの上に「平和の高速道路」が建設されたのは象徴性の面では大きな意味を持つが、それより重要なことは、DMZを行き来する経済協力が継続していくなかで、それまで最も攻撃的で敵対的であった南北朝鮮における最前線軍部隊間の協力が不可避となった点である。経済協力を行なうためには軍事的にもそれを保障・支援しなければならない北朝鮮の現実的な必要性のため、北朝鮮の最前線の軍部隊も南北間接触と対話を行なわざるを得なかったが、その過程で南北朝鮮は軍事的な緊張緩和と信頼醸成を経験した。陸上の分界線の周辺における協力的な雰囲気は、近くの海上分界線上における衝突を予防するための軍事協力も可能にした。西海における漁民の漁撈《ぎょろう》作業を南北の海軍が保障する必要があったためである。経済協力のために、初歩的なレベルではあったものの南北間の軍事上の信頼が醸成されつつあった。こうした雰囲気は、韓国における政権交代のために中断されてしまったが、このような経験は今後、東北アジア平和共同体を構築していく過程において意味深い経験になると思われる。

金大中元大統領の東北アジア平和協力会議の構想、安重根義士の東洋平和論、安全保障と経済協力の並行によるヨーロッパ平和共同体構築の成功事例、そして去る一〇年間における南北関係からの経験を総合すれば、私たちは次のように言うことができよう。第一、世界の発展に牽引車の役割を果たしている東北アジアが安定的に一層繁栄していくためには、「大衝突」を事前に予防できるように、必ず東北アジア平和共同体を構築しなければならない。第二、安全保障の面において相互保障を受けようとしたら、その問題自体に関する協議を進行させていかなければならないが、軍事方面における緊張の緩和と平和の維持が相互にとって得になる経済協力システムも、同時に強化していかなければならない。すなわち、平和と経済が表裏の関係または相互依存関係になるようにしなければならない。

四、六ヵ国協議再開の緊急性

人類全体の発展と繁栄のために、特に東北アジア諸国の安全と平和のためには、東北アジア平和共同体の構築が急務であるにもかかわらず、その開始のボタンを掛けるという意味を持つ六ヵ国協議は、二〇〇七年三月に開催された第六回目の協議以後、五年以上も放置されている。すでに指摘した通り、一九九三年に北朝鮮の核問題が表面化して以来、北朝鮮は交渉の休止期間中にもその「隙間の時間」を無為に過ごすことなく、次回の交渉で援助を引き出すためのカード（切り札）を開発してきた。二回（二〇〇六年一〇月と二〇〇九年五月）にわたって核実験を行ない、射程距離三六〇〇キロメートル以上のミサイルも既に保有している北朝鮮を交渉テーブルに引っ張り出さないのは、北朝鮮の核問題の解決に臨むべき当事国の職務放棄と言うことができる。

北朝鮮の核問題が表面化して以来、既に二〇年が経っているのに、未だに問題が解決されていないのは、中心的な当事国であるアメリカと韓国の対北朝鮮政策が相当に作用していると言うことができる。例えば、時には互いに「拍子の合わない」主張をしたり、時には一丸となって「強硬一辺倒」で推し進めていった結果、交渉の際に北朝鮮との妥協点を見出し得なくなったためであると言うことができる。北朝鮮の核問題がまだ解決されていない原因として、北朝鮮の非協調的な態度と約束の違反を取り上げる見方もある。もちろん、そこに一理がないわけではないが、北朝鮮が非協調的で約束違反を茶飯事のように行なうのは、米・ソが対決していた時代におけるソ連に匹敵するであろう。レーガン大統領は、「ソ連は悪魔の帝国である。しかし彼らは悪魔の帝国であるからこそ、彼らと交渉を続けていかねばならない」と指摘しながら、交渉を通じて米・ソ間における核軍縮の問題に決着をつけ、脱冷戦のための基礎を固めたのではなかったか。北朝鮮の核問題がまだ解決されてない事実を北朝鮮のせいにしながら、六ヵ国協議の無用論を流布させたり、北朝鮮に対して先に行動することを要求するのは、彼らが自分たちの「職務放棄」を隠蔽するための術策にすぎない。

北朝鮮の核問題が解決を見ず、その結果、北朝鮮が核保有国に変身してしまえば、韓国は災禍というべき被害を被ることになる。「既存の」核保有国である米・ロ・中は、北朝鮮が核兵器保有国となった事実を喜んで受け止めるはずはないにしても、恐れる理由もない。日本は脅威を感じるかも知れないけれども、むしろそれを核武装の正当化のための契機として使用しようとするであろう。これに比して韓国は、「刃先を握っているような」局面に陥り、安全保障の面における対米依存度が今より一層高くならざるを得ない。ミサイル防御（ＭＤ）体制をはじめとする武器購入の費用が大幅に増加することによって、国家財政の運用が歪曲されるのは必至であろう。このように考えれば、北朝鮮の非協調的な態度と約束の不履行を口実に、六ヵ国協議を漂流させるのは、少なくとも韓国にとっては「自殺行為」に等しい。韓国は北朝鮮の核問題をめぐる六ヵ国協議の再開を、誰よりも前に進んで、強力に推進していかねばならない。

二〇〇五年九月、六ヵ国協議の参加国が満場一致で合意した「九・一九共同声明」に従って北朝鮮の核問題を解決していけば、共同声明の内容上、自然に朝鮮半島の平和体制の問題が論議されるはずであり、それは東北アジア平和共同体の構築のための第一歩となるであろう。六ヵ国協議を通じて北朝鮮の核問題を解決した後には、その六ヵ国協議を東北アジアの平和問題を協議する機構、すなわち「東北アジア安全保障協力会議」（Conference

に転換させ、それを常設組織としての「東北アジア安全保障協力機構」（Organization for Security and Cooperation in Northeast Asia）にまで発展させていかなければならない。これを推進するに当たって、東北アジアにおける「生え抜き」の国家である韓・中・日の特別な努力が必要である。

（翻訳・金永完）

第一セッション

政治的側面から見た東北アジア平和共同体構築のための倫理的課題と実践方法

東北アジアの信頼醸成とＨＲＴＦ（国際緊急人道支援部隊Humanitarian Relief Task Force）構想

犬塚直史

要約

現代社会の顕著なグローバル化は、内政不干渉に基盤を置いた国際関係にこの上なく大きな変化をもたらしている。そこでは、三六〇年前のウェストファリア条約以来の主権国家が、国境の垣根がどんどん低くなっていく現代に適応することができず、ＥＵ（欧州連合）や、ＩＣＣ（国際刑事裁判所）の例のように「グローバル社会の民主主義」を模索している。

しかし、こうした国際協調主義の対極にある現実主義、つまり国境線を巡る対立を誇張する動きもまた枚挙にいとまがない。わが国の周辺でいえば、東シナ海や日本海の国境付近の岩礁に懸かる日中、日韓の対立と、こうした国家間の対立をことさら強調するメディアと政治の取り上げ方である。国境を守ることが主権国家の条件であるだけに、この問題は国民感情に強く訴えかける。しかしこうした事態を放置すれば、国民感情に訴えかける分かり易い表現が、暴力による解決という方向性で世の中を覆ってしまうことは歴史が教えるところであり、間に合うあいだにあらゆるレベルでの信頼関係を醸成しなければならない。

本稿では、日本発の信頼醸成措置として、HRTF（国際緊急人道支援部隊 Humanitarian Relief Task Force）の沖縄設置を提案している。アメリカを含むアジア・太平洋諸国が合意したうえで、国連憲章第八章の「地域組織」（regional organization）――災害救援および人道的援助を専門とする多国籍からなる民軍組織（国際緊急人道支援部隊／HRTF, Humanitarian Relief Task Force）を設立することは、東北アジアの緊張緩和に大きく貢献するはずだ。

さらにHRTF設置の先には、ピースキーピング（国連の平和維持活動）改革の可能性を見ることができる。HRTFが想定する大規模自然災害に加えて、人道に対する罪、ジェノサイド、戦争犯罪など、ICCが管轄権をもっている虐殺行為（アトロシティ・クライム）を防止し、冷戦後の国際社会の役割を創造していくことこそが、憲法九条を生かす道として日本に求められているのではないだろうか。

一、クリティカルな最初の三〇日

二〇一一年三月一一日、日本は地震、津波、そして原発事故によって引き起こされた未曽有の複合的大災害を経験した。日本政府は一〇万人の自衛隊員と、二万二七〇〇人の警察官、五四隻の海上保安庁の巡視船艇等、一五三の医療チーム、政府および関連機関から派遣された一三六の保健チームを動員した。

しかし、それでも日本だけの対応では十分ではなかった。

災害発生後一週間以内に、一四二ヵ国および三九の国際機関が被災地域の緊急支援を申し出た。何日もかからずに国連、国際原子力機関（IAEA）、多くの非政府組織（NGO）だけでなく韓国、台湾、中国、インド、オーストラリア、ニュージーランド、シンガポール、モンゴル、トルコ、ロシア、ドイツ、スイス、フランス、イギリス、メキシコなどから急派された救助隊が到着した。そしてなによりも軍事組織が果たした役割に注目しなければならない。「トモダチ作戦」（Operation Tomodachi）が三月一二日から五月四日まで、米軍二万四〇〇〇人、航空機一八九機、軍艦二四隻が参加して行なわれた。海上基地能力を有する米軍は、自衛隊と協力して、この作戦がなければ失われたであろう数多くの命を救った。この作戦の成功により、クリティカルな最初の三〇日間に、自己完結型で緊急展開できる軍事組織の能力をわれわれ日本人は目撃し、その有効性を身をもって理解したのである。

ここで筆者は、アジア・太平洋地域の安全保障のための基本政策として「国際緊急人道支援部隊」(Humanitarian Relief Task Force：ＨＲＴＦ)の設立という大胆な一歩を提案する。ＨＲＴＦとは、アジア・太平洋地域における大規模自然災害に対する常設の、緊急展開が可能な、多国籍の、そして民・軍協力の試みである。

二、迅速な対応の必要性

ＨＲＴＦは、アジア・太平洋地域で起こる危機的状況に、四八―七二時間以内にただちに対応できるように設計されるであろう。現在、〝迅速な展開〟には「伝統的な」国連の平和維持活動の場合で三〇日、「複雑な」任務の場合には九〇日を要すると規定されている。対応がこれほど遅滞すると、不十分な協定に依存する市民だけでなく、協定それ自体の効力も疑わしいものになる。現在のところ、国連には緊急展開する能力がないのである。

仮にこの問題が解決されたならば紛争発生後の再建費用は大幅に減額され、ＨＲＴＦの設立と運用費用を補って余りあるものとなろう。

「紛争激化防止のためのカーネギー委員会」（the Carnegie Commission on Preventing Deadly Conflict）によれば、もしわれわれが紛争後の再建よりも紛争防止に力を尽くしていたならば、国際社会が一九九〇年代に紛争の調整に費やした二〇〇〇億ドルのうち、一三〇〇億ドルを節約することができたと試算した。また、アメリカ会計検査院（ＧＡＯ）の調査（二〇〇六年）は、国連平和維持活動の費用は、アメリカ軍への拠出額の八分の一だったという結論を下した。ランド研究所（Research and Development Cooperation：ＲＡＮＤ）が公表（二〇〇七年）したところによると、アメリカはイラクでの軍事作戦に毎月約四五億ドルを使っていた。これは国連が行なっていた一八の平和維持活動任務の一年分の運営費とほぼ同じ金額である。(＊1)

三、「保護する責任」（Ｒ２Ｐ）とＨＲＴＦ

「保護する責任」（Responsibility to Protect：Ｒ２Ｐ）とは、統治権が権利ではなく、責任であるという考え方に基づいた新しい規範である。ある特定の国家が自国民を「アトロシティ・クライム」から保護する能力も意思も持たない場合、そのような国家は主権国家としての最低限の責任も果たしていないと見なされ、主権国家の責任を果たせない国は、内政不干渉の原則を主張できない。そうした国に住む国民を「保護する責任」は国際社会が負う、というまったく新しい概念である。さて、「保護する責任」という原則は、次の三つの〝柱〟で構成されている。

1　主権国家はアトロシティ・クライムなどから自国民を保護する責任を持つ。

2　国際社会はそのような国家を援助し、サポートする責任を持つ。

3　前述1、2の原則に基づいた試みにもかかわらず保護する責任が果たされていない場合、国際社会は最後の手段として、強制的な手段によって介入する責任を持つ。

「保護する責任」は大量虐殺を防ぐために既存の方法、すなわち仲裁、早期警告態勢、経済制裁、そして、国連憲章第七章に基づく強制措置など、全ての手段を行使できるフレームを提供する。民間機構、国家、地域機構、国際機関などは、それぞれ国民保護の責任の過程でそれぞれの役割を担当する。そして国連安全保障理事会と総会だけが最後の手段としての国連憲章第七章下の強制力を伴う権限を行使する権限を持つ。

こうして、複合的な平和維持の任務が効果的に遂行されることが極めて困難な状況にある近来の状況下にあっても、「保護する責任」という新しい概念に基づいて整理することにより、あらゆる種類の政策を選択し、実行に移すことが可能になる。

平和維持という命題を政策として選択し、実行に移すことが困難な例として、日本の「人間の安全保障」に係《かか》わる外交政策を考えてみよう。わが国は一九九〇年代の後半以来、外交政策の柱のひとつとして「人間の安全保障」(Human Security)という概念を支持してきたが、現実の外交政策に反映させる概念としてその語義が明確に定義されているわけではなく、また特定の行動を指し示すものでもない。外交政策の指針として使いやすいとは言い難い。一方、「保護する責任」原則は長期的な視野に立った国家再建、治安部門改革(SSR)、武装解除・動員解除・社会復帰(DDR)、選挙監視、道路、電気、食糧の供給、水、教育、医療サポートなど、平和維持と人間の安全保障を実現するためのあらゆる政策を選択する可能性を切り開いた。なぜなら、「人間の安全保障」を実現するための政策を進めるためには「人道的回廊」(人道支援活動に従事する人間が攻撃の対象とならず、ある程度の安全が確保される活動領域)の確保が必須であるにもかかわらず、これを実現することが極めて困難であったからである。人道支援活動を行なうサイドの人間が、一体どこまで身の危険を冒すべきなのか、というジレンマである。

「保護する責任」の登場と、この概念を受け入れる国々の増加によって、「人道的回廊」を故意に破壊するような勢力に対しては、武力行使によって対処することも可能となっている。人道的危機に晒《さら》されている国民を保護することは主権国家としての責任であり、こうした最低限の責任を果たす能力も意思もない国家については内政不干渉の原則が適用されず、最後の手段として国際社会による強制力を伴った干渉を行なうことができる「保護する責任」原則が二〇〇五年国連総会首脳会合に明示され、採択されたことは特筆に値する。「人道的回廊」を確保するための武力行使が場合によっては必要であるという認識が広く共有されたことを示していると考えられるからである。

四、国連憲章第八章に基づく地域安全保障機構としてのＨＲＴＦ

国連憲章第八章「地域組織」が規定する国際協定は存在しないし、ヨーロッパ安全保障協力機構（ＯＳＣＥ）を除いては、自らを第八章で言及する機構と称する組織もない。そうした中で、ＯＳＣＥは紛争の防止、人権の保護を通しての社会の安全保障の提供、危機対応などを含めた広範囲な活動範囲をもっている。

ＨＲＴＦは多国籍からなる民軍組織で、沖縄の米軍基地、国連軍基地、そして自衛隊基地の見直し、統廃合のシンボルとして沖縄に設置することが提案されている。人道支援（ＨＡ）および災害救助（ＤＲ）活動を専門とする統合された多国籍部隊で、その柱は、五〇〇〇人の陸海空自衛隊員を同数の米海兵隊員と常時訓練させ、これを国際緊急人道支援部隊（ＨＲＴＦ）の中核とするものである。ＨＲＴＦの構想段階から広くアジア・太平洋諸国に対してこの議論への参加を促し、発足時にはできるだけ多くの国々の参加を得る努力をすることはいうまでもない。欧州安全保障戦略（ＥＳＳ）に基づいてＥＵバトルグループで採用されている特務形態などを十分に参考にしてＨＲＴＦの具体的編成を考えていくべきだろう。ＨＲＴＦはアジア太平洋地域に共通の脅威に対処する、地域の新しい「地域機構」の一部になる。

ＨＲＴＦは、その基本原則——①常設で、②早期展開能力をもち、③「保護する責任」原則に基づき、④人道支援（ＨＡ）と災害救助（ＤＲ）活動に特化し、⑤第一に主権国家の責任において、第二に主権国家をサポートする国際社会の責任において、第三に国際社会自らの責任において、⑥民軍協力のもとに、⑦大規模自然災害、およびアトロシティ・クライムに対して、⑧最後の手段としての強制力を持って対処する資格を有することになるだろう。

また日本の自衛隊は、憲法九条の制約下、困難な状況にあっても武器の使用は必要最低限に留める伝統をもっている。しかし、HRTFという地域機構の旗の下に部隊単位で、そして自衛隊員個人の資格で参加することで、国連憲章第七章下の任務を含めて、他国の構成員と共に、堂々とあらゆる平和維持の働きをすることができる。

さてここで特記すべきは、東北アジアの協力関係を論ずる時、日本が行なった侵略戦争の記憶を避けて通ることができないことである。現代の日本が何度謝罪を繰り返したとしても、これを裏付ける具体的な政策がなければ信頼を得ることはできない。戦争の経験のない世代である我々が、個人として記憶のない侵略戦争に謝罪を表明したとしても、旧態依然とした価値観に固執しているようでは不信を高める一方だろう。HRTFは、戦争を知らない日本の世代から、戦争を知らない東北アジア諸国の世代に対する謝罪である。これは協働によって信頼関係を醸成するための呼びかけであり、持続可能な平和維持を構想する会議であり、それを共に実現する政策である。

五、ＨＲＴＦと雇用の創出

ここで考えねばならないのがＨＲＴＦに係る財源の確保である。日本はＯＤＡ（政府開発援助）として毎年海外への開発援助に約一兆円を拠出しているが、これはミレニアム開発目標（ＭＤＧｓ）として国際公約している援助額の半分以下にしかならない。税金を海外への援助に使うことに対する国民の支持が得にくいため、国会議員に立候補する者は、誰も開発援助のための予算増額を公約にすることができない。

したがって筆者はここで、開発援助の予算を災害救助（ＤＲ）および人道支援（ＨＡ）に取り組む民間組織に対しても給付し、雇用の創出と同時に、人道支援活動が若者のキャリアとなり得るような社会基盤の整備を併せて提案したい。

二〇〇九年六月、参議院政府開発援助等に関する特別委員会は当時の安倍晋三首相に、「新たな国際援助の在り方に向けて」という提言を行なった。特筆すべきは四番目に掲げている〝「援助量」大国から「援助人材」大国へ〟である。

この提案書の背景には、ＨＲＴＦに関係する民間への就業機会を促進するねらいがあった。「援助人材大国」をめざす取り組みには、独立行政法人国際協力機構（ＪＩＣＡ）

と大学院レベルの開発援助教育を連携させる改革も含まれるだろう。人道支援がひとつの職業として成り立つような国内の制度整備を行なうことで、意欲のある若者の雇用を喚起し、もってわが国の離島・中山間地を含む地方の雇用機会を増加させることで、被支援地域のみならず支援国にとってもその恩恵を感じることのできる、持続可能な取り組みとする必要がある。

六、「支え合う安全保障」(Shared Security)

「支え合う安全保障」(Shared Security)という表現が公の場で使われたのは、二〇〇九年九月、当時の鳩山由紀夫首相が国連総会の一般討論時間で行なった演説が初めてであった。そこでは、軍事力の延長として外交を捉える現実主義に対して、グローバル化する世界における国際協調主義への期待が表明されていた。鳩山政権は短命に終わったが、東北アジア平和共同体を指向するような国際協調主義の勢力は、他国におけるのと同じように、また何時《いつ》の時代でも生き続けているように、わが国においても絶えることのない理想主義の源泉である。

そうした理想主義に基づいて、「人間の安全保障」(Human Security)は、わが国の外交政策の柱とされた。そこでは、「国民」ではなく「人間」を安全保障の対象として捉えている。また、あるべき安全保障の形を実現するのも、「国家」ではなく、「国際社会」であるべきだろう。そして、このような「支え合う安全保障」を実現する具体的方法に眼を向ければ、新しくかつ実践的な形態の国際協力への展望が開かれる。それは、私たちが夢見る東北アジア共同体の「機能的協力」をより深化させる方法であり、大規模自然災害という共通の敵に対応するための「支え合う安全保障」にほかならない。

【註】

＊1　Don Kraus, United Nations Emergency Peace Service : One Step Towards Effective Genocide Prevention, *Citizens for Global Solutions*, Washington D.C., 2011.

儒教倫理と東北アジア平和共同体の人権保護体制

金　永完

本日、筆者が発表することになっているのは、「政治的側面から見た東北アジア平和共同体の倫理的課題と実践方案」についてである。それでは、まず、「政治的な」側面から、東北アジア平和共同体の問題について分析してみよう。

政治的な単位としての東北アジアは、次のような歴史的過程を踏んできた。第一に、アヘン戦争（一八四〇―四二年）以前の東北アジアでは、中国を中心にして国際交流が行なわれていた。第二に、二〇世紀前半の東北アジアでは、いわゆる「大東亜共栄圏」の形成が試みられた。この期間中に、日本は、東北アジア各国の国民に、いまだに洗い落とし難い血涙の歴史的な記憶を残した。第三に、第二次世界大戦以降の東北アジアは、米ソを中心に形成された冷戦秩序の影響の下で、一定の制限を受けることになった。第四に、冷戦が終焉を告げた二一世紀の東北アジアでは、中国の急浮上と共に「中華経済圏」が形成さ

れつつある。(*1)

東北アジアの政治的な統合は、決して容易ではない。そのことは右記の内容を見ても、またこの地域の政治的動向を見ても、容易に理解することができよう。長年隆盛を誇っていた日本は、アジアにおける覇権を中国に奪われないように、力を振り絞って努力をしている。さらに、国内的には津波や放射能による被害などで難儀しており、目を外部の世界に転じようとしている。北朝鮮は、依然として孤立主義の道を歩んでいる。韓国は、中国と日本の間に挟まれ、あまり身動きが取れず、その上にまた、北朝鮮のために頭を悩ませている。このような状況の下で、東北アジアにおける平和共同体は、果たして形成され得るであろうか。

国際政治において「国家の利益」(national interest) を追求する現実主義 (realism) の態度は、依然として有効であるということができる。しかし、目の前にある利益の追求に汲々としている現実主義に立脚した国際関係の運用 (practice) は、巨視的な平和の構築に有利とは言えない。為政者たちも、現実主義に基づいて、自分たちの任期中に、国民に一定の「成果」を見せることによって、自分たちの能力を誇示しようとしている。しかし東北アジア平和共同体が、この地域の今の為政者たちの任期中に構築される可能性は、極めて希薄である。なぜならば、この地域に位置する国々が自国の主権の垣根を、今よりもう少し低くしなければ、東北アジアの平和共同体は成立され得ないからである。このように、政治的な共同体の形成は、決して容易に実現され得る性質のものではない。

このように、政治的な平和共同体の形成が容易ではないため、「先易後難」の原則によって、まずは相対的に容易な経済分野から交流を行ない、それを他の分野にまで拡大していけば、この地域内の繁栄を促進することができる、という主張にも一理ある。(＊2)このように、経済などの非政治的な分野での相互依存的な協力を通じて、各国の共同繁栄や平和の推進を図るやり方を、「機能主義的な方法論」(functional approach)という。また、このような非政治的な分野における交流に留《とど》まらず、その「溢出《いっしゅつ》効果」(spill-over：波及効果)としての政治的な統合を狙うのは、「新機能主義」(neo-Functionalism)の立場である。今年の五月一三日に中国で開催された日・中・韓首脳会談では、これら三国間における自由貿易協定(FTA)について、議論が行なわれた。経済分野の交流を通じて互いに利益を得ることができれば(win-win)、それこそ韓国の諺に言う通り、「妹にも良く妹の夫にも良い」(両方とも得になって良い)こととなろう。しかし、NAFTA(北米自由貿易協定)やEU(ヨーロッパ連合)の例から見られるように、その副作用に対する対策の研究を怠ることはできないであろう。

再びこの「難しい」政治の領域に戻り、東北アジア平和共同体の問題について論ずることにしよう。このように目先の利益に汲々としている政治的な現実の中で、果たして共同体倫理を見出すことができるであろうか。私利私欲に目が眩《くら》んで、腐敗した政治家たちから、果たして倫理を期待することができるであろうか。

倫理や道徳を論ずる際に、人々の頭の中には「宗教」という言葉が浮かんでくる。しかし、ある特定の宗教が、東北アジア平和共同体に倫理的基礎を提供するのは、極めて難しいと思われる。まず、周知の通り、中国と北朝鮮は、社会主義国家として、宗教に対し消極的な政策を展開している。韓国社会において宗教界の力は極めて強いものの、国民から尊敬を受けているとは限らない。何よりも、宗教界の指導者たちの倫理性の確立が先立たなければならない。日本は神の多い国である。日本には「八百万《やおよろず》」の神々が存在する。数多くの宗教や教派が存在している。このような状況の下では、どの宗教も、東北アジア平和共同体の倫理的な支柱としての役割を果たすことはできないであろう。宗教だけではなく、マルクス思想も、このような役割を担うことはできない。対内的に国民に喧伝されているマルクス主義が、対外的にも大いに支持され得るとは思われない。またマルクス主義は、過去において民族間紛争の思想的な原因を提供した歴史的な事実があるために、少なくとも資本主義社会では支持され難いと思われる。さらにマルクス主義は完全に外来思想であるため、人々に対してある程度強制しなければ、漢字文化圏の東北アジアで容易には定着できないであろう。

それでは、東北アジアで通用し得る政治倫理は何であろうか。筆者は、儒家思想であると思う。儒家思想は、東北アジアにおいて、いまだにその共通の「市場」を失っていない。儒教は、東北アジアにおける漢字文化圏に広く伝播され、この地域に住む人々の行動様式に、極めて大きな影響を与えてきた。東北アジアに住む人々は、宗教を持っているか否かを問わず、基本的には儒教徒であるということができる。言わば、彼らの遺伝子の中には儒教の成分が含まれており、いかなる宗教を信仰していようが、この儒教の成分は、彼らの行動様式に影響を与えているのである。儒教が宗教であるか否かについては議論の余地があるが、少なくとも「宗教」ではなく「儒家思想」という身分としては、社会主義国家である中国と北朝鮮においても、広く通用している。中国では、「五《ご》・四《し》運動」と文化大革命の時期に「反儒教情緒」があったものの、現在は、儒家思想を、現代的な観点から光を当てて考察しようとする動きがある。

このように、儒教は、東北アジア平和共同体の倫理的な基礎としての共通の「市場」を持っているとはいえ、過去のままの「陳腐な」姿では、変化の激しい現代社会を抱き留めることができない。儒教は、中国古代の知識人たちが君主に献上した一種の倫理綱領であった。君主は、必ず、民本主義（政治の目的を民衆の福利とし、民衆の意思に基づいて政策を決めるべきという主張）を政治の出発点や目的とし、終始、儒教倫理に拘束されることになっていた。しかし、君主は民本主義の「よい点」、すなわち君主制度の神聖化・倫理化・不可侵性のみを受け入れた。これは、中国古代において知識人階級と君主が締結した重要な妥協、すなわち一種の「社会契約」であった。この「社会契約」の核心たるものは専制権力に対する制限であったが、理論的に見た場合に、最も大きな受益者は、契約者双方の外側に存在する第三者、すなわち民衆であった。(＊3) 近代ヨーロッパにおける社会契約は、君主とブルジョアジー（市民階級）の間で締結された契約で、これを通じて市民たちの人権は一定の保障を受けるようになった。古代中国において知識人たちによって君主に渡された「社会契約」（儒教の規範）が、民衆の権利を保障するために設計されたものであるとすれば、両者には酷似する面がある。

しかし、君主は約束を遵守しようとしなかった。政治に対する批判はあまり受け入れられず、儒教の経典は燃やされ、儒学者たちは土の中に生き埋めにされることもあった（焚《ふん》書坑儒《しょこうじゅ》）。また思想の発展は、厳しい検閲によって阻害される場合もあった（文字《もんじ》の獄《ごく》）。「社会契約書」としての儒家思想は、まるで孫悟空の頭にはめられた「緊箍児《きんこじ》」のように、君主による暴政を制限したが、君主はいつも「三蔵法師」の目を忍んで、民衆を抑圧した。このように、儒家思想は、君主による人治（世の中が治まったり乱れたりするのは法の有無ではなく、統治者が賢人か否かによるという考え方）と手を取って歴史を支配してきた。儒教的な人治社会では、統治者には道徳的な自覚がなければならない。しかし、もしこのような自覚がなければ、民衆は災難を被ることになる。また、このような道徳的な自覚は、完全に個人の心性の修養に委ねられているが、もしも君主が暴君であるとすれば、むしろ「三蔵法師」までも取り除こうとするであろう。人治は腐敗しやすい人間の心性を宿主にして、全国を腐敗させていく。

さらに、儒教は「宗法」（本家と分家の関係についての規制）を中心に、家父長的な「孝」と君主に対する「忠」を体系的に結びつけることによって、自然に社会支配の秩序体系を確立することができた。すなわち、陳璧生が指摘しているように、儒家思想は父子間の血縁関係と君臣間の政治的関係を同一視することによって、倫理的に子に対する父の絶対的な権威と父に対する子の絶対的な服従を、政治における君主の絶対的な権威と臣下の絶対的な服従に引き込んだ。こうして儒教は、「君臣大義」に合法的な根拠を提供し、またこの情緒的な関係は、倫理的な「孝」から政治的な「忠」に繋げることによって成立されるに至った。このような思想が一度政治化・世俗化されると、「父要子死、子不得不死、君要臣亡、臣不得不亡」の「奴隷信条」となってしまう。(*4) こうなると、情緒的な面が作用し、君主と国家のために忠誠を誓いながら、涙を流さずにはいられなくなる。

儒教思想が教条化されれば、個人はその中に埋没してしまう。陳独秀の指摘によれば、「儒教の精華は礼教であり、これは中国の倫理政治の根本たるものである」(孔教之精華曰礼教、為我国倫理政治之根本(*5))というものであり、『論語』の「非礼勿視、非礼勿聴、非礼勿言、非礼勿動」(顔淵第十二)などの教義が、一度世俗の教条として確立すれば、多くの人々は自分自身の思想的な独立性を放棄し、「礼」の足枷《あしかせ》をはめるようになる。(*6) このような指摘は、一九一八年、魯迅が『狂人日記』を通じて「人を食う」「礼教」としての儒教の強迫観念を批判したことと、その脈絡を共にしている。このような批判は、個人の自由が身分制度の束縛によって抑圧されていた当時の状況をよく表している。ところで筆者は、韓国・中国・日本における長年にわたる生活を通じて、「礼」のない無礼な社会よりは、礼節を重んじる社会の方が遥かに良いということを、自ら体得することができた。何でも「過猶不及」(『論語』先進第十一)で、礼を意識し過ぎると人間の行動は大いに拘束されがちであるが、礼がなさ過ぎれば、社会には秩序がなくなり、混乱が加重されるばかりである。

上述のような儒家思想の「尊卑型倫理」は、人と人との間に「人・義・礼・智・信」の調和した関係の形成を提唱することによって、社会において家庭本位を重視し、個人主義に反対する。こうして、このような共通した道徳体系の規範の下で、「社会大同」の実現を期待するのである。このような儒教の倫理は、西欧の自由主義思潮に対比される一種の文化精神として、一方においては、集団中心の社会規範を堅持し、人々をして「集団の規範を受け止めると自分と約束したことを個々人が守る」ことを重視するようにし、他方においては、残酷な社会闘争の中で、一種の空想的な社会構築の方式に転落してしまう。したがって儒教の倫理は、社会が動揺する際には、カリスマ型の人物を創り出し、社会の混乱を終結させるのである。(*7) そして、社会平和が実現されれば、儒教は、為政者によって、統治の道具として、既存の社会秩序を保護する機能を果たすことになる。悠久の中国の歴史を見れば、儒家思想は、「集団は個人より高い」(集体高於個人)という観念を創り出したという事実が分かる。これは改革・開放以降の中国の社会・経済発展の文化的な背景と無関係ではない。このような「集団は個人より高い」（集体高於個人）という観念は、自然に「国家は個人より高い」（国家高於個人）という「真理」を創り出し、これはまた、「主権（統治権）は人権より高い」（主権高於個人）という恐ろしい結論を導き出すに至るのである。

東北アジア平和共同体は、この地域に属する諸国家によって構成されることになる。したがって、国家を中心とした主権の至高性のみを強調してしまえば、地域共同体は成立し難くなる。さらに、この地域共同体において主権の至高性を強く主張する国家が、その国力も極めて強く、その結果「強い主権＋強い国力」の持ち主になってしまえば、国家間の平等関係は、政治的な力学関係の渦に巻き込まれてしまうであろう。

力を中心にした位階秩序は、過去の東北アジアにおいて存在していた共同体の姿でもある。前近代の歴史上、東北アジアに存在していた共同体は、一言で「朝貢体系」ということができる。朝貢関係は、中国の儒教の倫理観およびその倫理化の世界観の対外関係への延長で、このような関係によって「華夷秩序」が形成された。現代の国際法秩序と異なる点は、「朝貢体系」における主体が、中心国としての天朝国と周辺国としての藩属国、す

〈表〉　歴史上東アジアの朝貢体系と現代国際法秩序との比較

秩序型	叙事	主体	性質	規範	関係の内容	秩序構造	地域関係
朝貢体系	儒教倫理観及びその倫理化の世界観	華—夷または中心国—藩属国	上下構造	儒教倫理、儒教の礼	特権—義務、義務—義務	中国中心周辺国家	東アジア(朝貢体系の絶頂期には藩属国が63カ国)
国際法秩序	自然法叙事	主権国家	平等構造	条約	権利—義務	多中心	全世界

なわち「華」と「夷」で、これらの関係は明白な不平等関係にあったということである。過去と現代における東北アジアの国際秩序の相違点は、上の〈表〉のようにまとめることができよう。(*8) これに関する仔細な説明は省略する。

これまで見てきたように、儒家思想には、東北アジア平和共同体の構築のための現代的な基盤が不足している。厳格な秩序と忠誠を強調する儒教の上下関係の構造は、現代的な意味における東北アジア平和共同体には相応しくないために、儒教は自己更新を行なう必要がある。すなわち、過去の為政者たちが創り出した儒教の秩序によるロジックを超え、「人権保護体制」に転換する作業こそ、東北アジア平和共同体を構築する際に、最も切実に要求される倫理的な課題なのである。

儒家思想を根幹として成立した過去の東北アジアの諸

王朝の多くは、民衆の上に君臨し、抑圧する支配者としてのイメージを示してきた。このような姿は、今もなおその痕跡が残っており、「民主主義共和国」という美名の下に独裁を行なう場合もある。従って「政治的な側面から見た東北アジア平和共同体の倫理的課題と実践方案」について、政治指導者たちは、むしろ何も言わない方が良いかもしれない。言葉よりは、実践を通じて道徳性を回復するのが得策であろう。東北アジア諸国の国民は、政界に対し、あまり友好的であるとは言えない。「政界の問題」について考える際に、人々の頭の中には、だいたい「腐敗」や「独裁」などの単語が浮かんでくる。このような問題は――程度の差はあっても――恐らく世界のどの国においても発見できる現象であろう。しかし、われわれが属している東北アジアにおいて、このような「腐敗」と「独裁」の背景には、儒教が創り出した秩序体系が存在するという事実を、黙過することはできないであろう。

東北アジア諸国は、儒教的秩序体系に反発し、西欧の自由民主主義思想またはマルクス思想などを導入することによって、新しい体制を形成しようと試みてきた。紆余曲折を経ながら、成功したケースもあれば、失敗したケースもある。このような新しい思想を受け入れて、社会の革新を図ってきたわけであるが、しかし儒家思想が骨の髄まで染み込んでいる東北アジアの人々は、指導者であれ一般市民であれ、決してこの思想体系から脱却しているとは言えない。腐敗と独裁を生み出す体制は、新しく導入した思想の中にあるのではなく、まさにわれわれの存在の根底において、われわれの行動様式を決定する儒教思想の中にあると言わねばならない。まさに、ここにこそ、東北アジアにおける儒家思想の重要性が存するのである。儒教は強靱な生命力を持って、東北アジアの人々と共に、この地域共同体の中に活きているのである。捨てることができないものであれば、反省を通じて、新しい姿に変化させなければならないであろう。『大学』の著者曾子が「吾日三省吾身」(『論語』学而第一)と説いたように、儒教は徹底した自己省察と自己革新を通じて、東北アジア平和共同体のための新しい倫理体系を提示しなければならない。

それでは、儒教はどのような新しい倫理体系を提示しなければならないであろうか。既に指摘したように、儒教は、その教義の中から不合理な要素を排除し、西洋の民主主義や立憲思想などを受け入れ、「現代化」の過程を踏んでいかねばならないであろう。しかし、こうした「現代化」の自己革新の過程において何よりも重要なのは、世俗の権力によって再び利用されないように、最大限に尽力していかねばならないという点である。(*9)

いわゆる「社会契約」を通じて、知識人たちが君主に献上した儒教の経典は、結局、君主に有利なものだけが受け入れられ、その結果、この契約の受益者であるべき民衆は、むしろ被害を被る場合が多かった。今や儒家思想は、国民が主動的に主張する必要がある。儒家思想は、一般国民の人権が最大限保障され得る共同体の思想体系として、生まれ変わらなければならない。そのためには、主権（統治権）の枠の中に閉じ込められている人権を国家の垣根の外に放し、東北アジアに住むすべての住民が相互連帯して、これを守るメカニズムを構築しなければならない。人権が一国の統治体制の中に留まっている際に、道徳的な自覚と精神修養の不足した「暴君」によって、もしも人治が行なわれれば、その人権は、人治の名によって保障され得なくなるということを、歴史は歴然と示している。したがって、東北アジア各国の民衆は、主動的に過去の儒教倫理を現代的に改造し、平和共同体のための「人権保護体制」を形成しなければならないであろう。こうして、人権が尊重される平和共同体では、集団の中に埋没させられている個々人の権利と主体性が一層回復され、一層尊重されなければならない。

また、国家の束縛から脱却し、真の意味における東北アジア平和共同体を形成させるためには、東北アジアに留まらず、われわれの目を世界に転じなければならない。世界市民社会からのフィードバックを通じて、常に自己更新をしていかなければならない。この問題につき、劉順と賀闌は次のように指摘している。すなわち、東北アジア諸国が世界に向けて進んでいく過程において、この地域の精神文化の基調を成している儒教は、必ず「民族性」と「世界性」との関係を正しく解決しなければならない。儒教がまっすぐに世界に向かって進んでいき、共同体の共同の理想の建設に参与するためには、過去二〇〇〇年の間に示してきた民衆と遊離した姿から、必ず脱却しなければならないであろう。(*10) いわゆる「社会契約書」の中に記載されている内容に合理的な修正を加えれば、その有効期限は、これまでの二〇〇〇余年だけではなく、今後も無期限に延長され得るであろう。

儒家思想が「現代化」の過程を通じて、東北アジア平和共同体において真の意味での政治倫理的な基盤——すなわち人権の連帯的保護体制——を提供できるように期待する次第である。

【註】

*1 黄俊杰「如何従東亜出発思考?」『台湾大学人文社会高等研究院院訊』第四巻第四号（通巻一三号）、台湾大学人文社会高等研究院（台湾）、二〇〇九年冬。

*2 張慧智「中日韓東亜共同体構想指導思想比較」『東北亜論壇』第二号（通巻九四号）、吉林大学（中

国)、二〇一一年、一六頁。
＊3　馮川「儒家思想的社会契約性質」『江蘇社会科学』第五号、中国、二〇〇七年。
＊4　陳璧生「対『儒教中国』的理性反叛――陳独秀的孔教観」『社会科学論壇』中国、二〇〇三年三月、七七頁。
＊5　陳独秀「憲法与礼教」『独秀文存』安徽人民出版社(中国)、一九八七年、七三頁。
＊6　陳璧生の前掲論文(註4)、七七頁。
＊7　辛允星「儒家倫理的当代反思」『哲学与人文』二〇一一年第四号(通巻一二九号)、中国、二〇一一年、一三三頁。
＊8　涂少彬「東亜人権法治:尋求儒教語境下的人権共同体――兼析東亜域際公民社会共同体的聯結」『河南工程学院学報(社会科学版)』第二四巻第三号、河南工程学院(中国)、二〇〇九年九月、五二頁。
＊9　劉順・賀闌「〝世界倫理〟構想下的儒教問題思考」『陰山学刊』第一八巻第五号、中国、二〇〇五年一〇月、七〇頁。
＊10　劉順・賀闌の前掲論文、七二頁。

(翻訳・金永完)

韓国『在外同胞法』に対する再度の違憲訴訟(*1)

厳　海玉

一、はじめに

第二次世界大戦がその終焉を告げるまで、朝鮮半島（以下、韓半島）の多くの人々は中国、ロシア、日本などの隣国へ移住し、終戦後には多くの韓国人がアメリカ、カナダ、オーストラリアなどの先進国へ移住した。一九六〇年代、韓国政府は、先進国へ移住した韓国国民を対象とする『海外移住法』（一九六〇年三月九日、法律第一〇三〇号）の制定を通じて、在外国民を排斥し二重国籍を認めないとする態度を取った。八〇年代に入ってからは、在米韓国人によって二重国籍を認めるべきとする要求が申し立てられた。一九九九年に至って韓国国会は、在米韓国人の韓国国内における法的地位と出入国の便宜のために、『在外同胞の出入国と法的地位に関する法律』（一九九九年九月二日、法律第六〇一五号、以下『在外同胞法』と称する）を採択した。『在外同胞法』に定められた在外同胞の範囲は、一九四八年の大韓民国政府の樹立以降、アメリカ、カナダなどの先進国へ移住した同胞となっており、大韓民国の成立以前に中国やロシアなどの発展途上国へ移住した同胞は排除されている。二〇〇一年、韓国の憲法裁判所は、三人の在韓中国朝鮮族同胞が提起した訴訟請求を受け、『在外同胞法』に対し違憲の判決を下した。二〇一一年に至って、韓国の『在外同胞法』は、再び複数の在韓中国朝鮮族同胞が提起した違憲訴訟から免れることができなくなってしまった。

二、『在外同胞法』の制定

1 韓国の在外同胞

韓半島に住んでいた人々は、一九世紀から中国、ロシアおよび日本へ移住した。その中で韓半島の北部地域の住民はロシアと中国に移住し、南部地域の住民は日本へ移住した。一九一〇年八月二二日に締結された「韓日合併条約」（韓国併合条約）によって、韓半島の数多くの人は植民地政策と植民地統治を免れるために韓半島から離れて、中国、ロシア、日本などへ移住し、新しい韓民族共同体を形成し始めた。第二次世界大戦の終結後、数多くの韓国人がアメリカ、カナダなどの先進国へ移住して新しい韓民族共同体を形成した。現在、韓国の在外同胞としては、中国における朝鮮族、ロシアにおける高麗人、日本における朝鮮（韓国）人、アメリカとカナダなど先進国における韓人などが存在する。

中国朝鮮族。一九四九年、中華人民共和国が成立した後、中国で生活していた韓半島の子孫たちは、二つの身分を持つようになった。すなわち、中国公民と中国朝鮮族という二つの異なった身分である。中国共産党は、「新民主主義の革命時期」から民族に対する差別と迫害に反対してきた。一九五二年には中国朝鮮族同胞が集まって住む地域に延辺朝鮮族自治州が設置され、一九八五年には「延辺朝鮮族自治州自治条例」が制定された。中華人民共和国が成立してから現在までの半世紀を超える期間に、中国朝鮮族同胞は政治、経済、文化、教育などを含む全ての面で、韓民族の言語と文字を自由に使いながら民族自治権を行使してきた。

ロシア高麗人。一九三七年、ロシアの沿海州地域が日本の脅威を受けている時、その地域に居住していた高麗人が日本に「利用」されるのを恐れていたスターリンは、飢饉を免れ、また独立運動のために沿海州へ移住してきた高麗人を、「国家の安定のためである」という理由で沿海州から中央アジアへ強制移住させた。ソ連政府は高麗人を中央アジアに移住させた後、彼らには学校や図書館設立・運営および新聞・雑誌の発行を許可しなかったので、ロシアにおける高麗人は伝統文化と民族文字、そして言語まで喪失せざるを得なくなった。

在日朝鮮（韓国）人。四世代目に入ってきた在日朝鮮（韓国）人社会は、大体四つの部類に分けられる。すなわち、韓国の在外国民、朝鮮の海外公民、韓国の在外同胞、無国籍朝鮮人である。(*2) 植民地統治の時期から第二次世界大戦が終わるまで、在日朝鮮（韓国）人は社会的地位および法的地位を付与されておらず、終戦後から現在でも、相変わらず日本社会において差別を受けながら生活している。

アメリカ、カナダなど先進国の韓人。軍事政権の時代に『海外移住法』の制定によって海外移住を奨励する政策が推進され、これを契機として韓国からの移住者の数が急増していったことは特筆に値する。一九六二年から一九九五年までの国外移住者の数は約七九万人に達している。この数値は、平均すると一年間に二万三〇〇〇人が国外へ移住したことを表している。主要な移住先としてはアメリカ、カナダ、オーストラリア、そしてニュージーランドなどがある。(*3) 当時、韓国国民がアメリカ、カナダなどの先進国へ移住した主要な目的は、自分たちの経済状況を改善するためであった。

2　『在外同胞法』の内容

大韓民国の成立から半世紀近く、韓国政府は在外国民（在外同胞との違いについては後述する）を適切に保護せず、具体的な関係法律も制定していなかった。在外国民に関する法律としては、『在外国民登録法』（一九四九年一一月二四日、法律第七〇号）と『在外国民の就籍（＝戸籍を取得すること）・戸籍訂正および戸籍整理に関する特例法』（二〇〇二年一二月二九日、法律第六三〇九号）しかなかった。(＊4)

一九八〇年代の初めから、在米同胞を中心に二重国籍の容認に対する要求が間断なく提起されてきた。(＊5)一九九三年五月、金泳三政権は青瓦台（大統領府）内に僑民（＝在外同胞）担当秘書官を設け、一九九六年二月には国務総理を委員長とする在外同胞政策委員会を、引き続き一九九七年一〇月には「在外同胞財団」を設立した。(＊6)一九九七年に発生した韓国の経済危機は、金大中政権をして海外韓国人による投資と資本導入の必要性と重要性を実感させた。その後、韓国政府は、海外韓国人の韓国における財産権の行使と出入国の便利のために提議された二重国籍制度の採択要求について再び検討を行なった。一九九八年六月、金大中大統領がアメリカを訪問した際に、在米韓国人によって提議されたこの二重国籍制度採択の要求に応じて、韓国国会は、一九九九年九月二日、『在外同胞法』を採択したのである。

『在外同胞法』の定めるところによると、「在外同胞」とは「在外国民」と「外国国籍を持っている同胞」を指す。すなわち、『在外同胞法』第二条第一項の規定によると、「在外国民」は「大韓民国の国民として外国の永住権を取得した者または永住する目的で外国に居住している者」（以下「在外国民」とする）で、第二項の規定によれば、「外国国籍を持っている同胞」は「大韓民国の国籍を保有していた者またはその直系卑属として外国の国籍を取得した者の中で大統領令が定める者」（以下「外国国籍同胞」とする）を指す。『在外同胞の出入国と法的地位に関する法律施行令』（一九九九年一一年二七日、大統領令第一六六〇二号）第三条（在外同胞法の定義）には、次のような規定が設けられている。すなわち、同法第二条第二項における「大韓民国の国籍を保有していた者またはその直系卑属として外国の国籍を取得した者の中で大統領令が定める者」とは、次の二項のうちの第一項に該当する者をいう。

第一項　大韓民国政府の樹立以降、国外へ移住した者の中で、大韓民国の国籍を喪失した者とその直系卑属。

第二項　大韓民国政府の樹立以前に国外へ移住した者の中で、外国の国籍を取得する以前に大韓民国の国籍を明示的に確認された者とその直系卑属。

大韓民国政府が成立する以前には、韓半島においては国籍法が制定されていなかった。『在外同胞法』は、在外同胞の範疇を大韓民国の成立（一九四八年）以降、アメリカやカナダなどのような先進国に移住した同胞と定めていたため、大韓民国政府が成立する以前に中国とロシアに移住した同胞は全部排除されてしまった。

一九六〇年代から三〇年という短い期間に、韓国の経済は巨大な発展を成し遂げ、「漢江の奇跡」を創造した。一九九〇年代に東西冷戦がその終焉を告げ、社会主義国家と資本主義国家が互いに交流を行ない始めたとき、中国と韓国も初めて外交関係を樹立し、中国の朝鮮族同胞は韓国に渡って就職し、また留学をすることができるようになった。韓国の『在外同胞法』は、アメリカ、カナダ、オーストラリアなどの先進国に居住する同胞のために制定されたものであるため、自分たちの言語や文字をそのまま保持して使用してきた中国の朝鮮族同胞は『在外同胞法』の適用対象から排除されてしまった。

同法の制定を最初から回避してきた外交通商部は、同法が制定された場合に外交通商部が抱えざるを得なくなるさまざまな負担を縮小させるために、いわゆる国際慣行としての「過去の国籍主義」に基づき、過去において韓国の国籍を持っていなかった者を除くべきであると主張した。韓国の法務部は、法案を起草する際に、こうした外交通商部の主張をそのまま受容した。ただし、このような立法方針に対する各界の批判を緩和させるために、「立法技術」を発揮して法律ではない施行令を制定し、そこに関係規定を設けているのである。すなわち、このように一部の在外同胞を同法の適用対象から除外させた同法の立法は、外交通商部と法務部を中心とする政府によって故意に意図されたものなのである。(*7)

血統より国籍を重要視しながら、中国の朝鮮族やロシアの高麗人を不平等に待遇している『在外同胞法』に対して異議を示すために、韓国の六一もの市民団体が「同胞を差別する在外同胞法案を撤回させるための共同対策委員会」を結成して本格的に反対運動を展開した。(*8) 韓国の盧泳頓教授は、『在外同胞法』につき「現在の在外同胞法は、我が民族史において最悪の反民族的な立法という評価を免れ得ない(*9)」と述べた。これを受けて韓国の鄭印燮、李喆雨、李振翎などの法律学の教授たちは、「改正論」および「廃止論」を提起した。

先進国に居住する同胞だけを優待し、発展途上国に居住する同胞である中国の朝鮮族同胞とロシアの高麗人を差別待遇し、『韓国憲法』の規定に違反した『在外同胞法』は、一九九九年八月二三日、初めて三人の中国の朝鮮族同胞と韓国の弁護士（李石淵）によって構成された訴訟団から違憲訴訟を提起されるに至った。

三、『在外同胞法』に対する違憲訴訟

1　在韓朝鮮族同胞による違憲訴訟

『在外同胞法』を制定する際に、韓国法務部は韓半島の血統を持った在外同胞に対し国籍の如何を問わず、皆『在外同胞法』の適用の対象とし、入国、滞在、経済、社会等の面において同等の権利を付与しようとしたが、外交通商部は反対の意見を提出した。外交通商部は、血統主義に基づく『在外同胞法』では国際人権規約と人種差別撤廃条約に違反すると主張した。外交通商部は、韓国と、在外同胞が最も多く集まっている中国やロシアとの外交摩擦――特に、血統から見て韓国同胞であるが、法律的には中国の国民である二〇〇万にも達する中国の朝鮮族同胞を抱えている中国との外交摩擦を大いに考慮に入れたように推察される。(*10)

また韓国政府は、中国の朝鮮族同胞とロシアの高麗人の韓国経済に対する過度の期待感も考慮に入れたと思われる。特に、中国の朝鮮族が自由に韓国に入国することができるようになれば、低賃金労働力の大量流入によって韓国国内の労働力市場に深刻な打撃が与えられる可能性と、ひいては韓国社会において失業率と犯罪率が上昇する可能性をも考慮に入れたと考えられる。

結局、外交通商部の意見を受け入れて制定された『在外同胞法』の適用の対象は、大韓民国が成立（一九四八年）した後、アメリカやカナダなど先進国に移住した同胞に限定され、また朝鮮王朝の時期、特に日本が韓半島を統治していた時期に祖国を離れ中国に移住した朝鮮族同胞と、ロシアの高麗人は適用の対象から除外されることによって、『在外同胞法』の認定基準は「血統」から「時間」（時点）に変更されてしまった。換言すれば、大韓民国が成立した年である一九四八年が『在外同胞法』における重要な判断基準となったのである。

一九九九年八月二三日、在韓朝鮮族同胞の趙淵燮、文賢順、田美羅の三人(*11)と李石淵弁護士は原告団を組織し、『在外同胞法』が『韓国憲法』の関係規定に違反しているという理由で、韓国憲法裁判所(*12)に違憲訴訟を提起した。訴訟理由は以下の通りである。

第一に、『在外同胞法』は、人間の尊厳と価値および幸福を追求する権利について定められている『韓国憲法』第一〇条に違反している。

第二に、『在外同胞法』は、平等権の原則について定められている『韓国憲法』第一一条に違反している。

第三に、『在外同胞法』は、「大韓民国臨時政府」の法統（法的伝統）を継承した『韓国憲法』の前文に記されている基本精神に違反している。

韓国憲法裁判所は、在韓朝鮮族同胞の訴訟請求を受け入れた。『韓国憲法』第一〇条には、次のように定められている。すなわち、「すべての国民は、人間としての尊厳と価値を持ち、幸福を追求する権利を持つ。国家は個人が持つ不可侵の基本的人権を承認し、これを保障する義務を負う」。また第一一条には、次のように定められている。すなわち、「すべての国民は、法の前に平等である。何人も性別・宗教または社会的な身分によって政治的・経済的・社会的・文化的な生活のすべての領域において差別を受けない」。

韓国の憲法学者に普遍的な解釈によれば、『韓国憲法』に定められているすべての国民の基本的権利は、本国国民と在外国民を問わず、いずれも法律の前に平等であるとされて

いる。(*13)

二〇〇一年一一月一九日、韓国憲法裁判所は、『韓国憲法』第一一条の規定に基づき、『在外同胞法』とその『施行令』に対して、次のような判決を下した。第一に、『在外同胞法』第二条第二項とその『施行令』第三条は、憲法に合致していない。第二に、これらの条項は、二〇〇三年一二月三一日を時限に立法者が改正するまで適用される。

2 『在外同胞法』に対する法的評価

『在外同胞法』は、一方においては大韓民国政府の成立の時期を『在外同胞法』の適用の基準とすることによって、アメリカやカナダなどの先進国に居住する同胞の出入国に対する権利と法的地位を向上させたが、他方においては中国の朝鮮族とロシアの高麗人の出入国に対する権利と法的地位を制限してしまった。韓国『在外同胞法』が在外同胞の対象基準を「韓国政府の成立の時期」に確定したのは、歴史的事実に対する歪曲であり、法的論理および『韓国憲法』の基本原理に違反していると思われる。

まず、『在外同胞法』は、韓国国籍法の歴史的な事実に違反している。『在外同胞法』は、その『施行令』第三条二項において「外国国籍同胞」は「大韓民国政府の樹立以前に国外へ移住した者の中で、外国の国籍を取得する以前に大韓民国の国籍を明示的に確認された者とその直系卑属」であると定めている。(*14) しかし、大韓民国政府が樹立される前には、韓半島には国籍法が制定されていなかったため、大韓民国が樹立される前に外国に移住した者は、大韓民国の国籍を取得することができなかった。一九四八年八月一五日に大韓民国政府が成立し、同年一二月一一日、韓国は国籍法を制定したため、大韓民国政府の樹立以前に海外に移住した者の中で、外国の国籍を取得する前に既に大韓民国の国籍を持っていた者はあり得ない。したがって、大韓民国の国籍人の直系卑属もあり得ない。

次に、「在外国民」と「在外同胞」とは二つの異なる概念である。(*15)『在外同胞法』第二条の規定によると、「在外同胞」は「在外国民」と「外国国籍同胞」とになっている。国民と同胞は別個の概念で、「在外国民」と「外国国籍同胞」も別個の概念である。言い換えれば、国民は法的概念に属し、同胞は民族的概念に属する。韓国の場合、「在外国民」は、韓国の国籍を持っているが外国に居住している人々を指し、韓国での出入国の制限を受けない。これに対し「外国国籍同胞」は、外国の国籍を持っている外国国民として、韓国での出入国において制限を受ける。『在外同胞法』の制定は、ある程度韓国の「在外国民」と「外国国籍同胞」との距離を縮めるとともに、韓国国内に居住する「外国国籍同胞」の法的地位を向上させたということができる。しかし『在外同胞法』は、本国国民（在外国民）と外国人（外国国籍同胞）を一つの法律上の範疇に帰属させて両者を区別していないため、論理上の問題を孕《はら》んでいると言わざるを得ない。

ここで指摘しなければならないことがある。在日韓国人社会における民団（在日本大韓民国民団）のメンバーたちは『在外同胞法』に定められている在外同胞の適用対象の問題に対し、遺憾の意を表した。長い間、日本社会において受けてきた差別と偏見に立ち向かいながら祖国の国籍——韓国国籍——を保有し続けている韓国の在外国民である在日韓国人と、日本社会における差別と偏見を避けるために日本国籍の取得を選択した帰化朝鮮人たちを、同じく一緒に『在外同胞法』の適用対象に含ませたことに対し、遺憾の意を表明したわけである。

韓国法務部が『在外国民法』を制定していない状況で、在米韓国人たちが提起した二重国籍の容認要求と外交通商部の意見に従って制定された『在外同胞法』は、やむを得ず在外国民を『在外同胞法』の範疇に入れているようには見えるものの、論理上の錯誤を避けるためにも、韓国は『在外国民法』と『在外同胞法』を別々に制定しなければならないと思われる。

最後に、『在外同胞法』は、『韓国憲法』の基本原理に違反している。『在外同胞法』は、『韓国憲法』における平等権に関する規定に違反している。『在外同胞法』の適用対象は、大韓民国政府が成立（一九四八年）した後、アメリカやカナダなどの先進国に移住した外国国籍を持つ同胞であるため、大韓民国政府が樹立される前に中国へ移住した朝鮮族同胞とロシアへ移住した高麗人は皆排除されてしまった。『在外同胞法』の規定から見れば、植民地統治の時期に、韓半島の独立と解放のために中国とロシアに移住した独立運動家とその子孫たち、ならびに植民地統治の時期に日本が実施した強制・半強制的措置によって国外へ移住するようになった移民とその子孫たちは、皆在外同胞の範疇から排除されているのである。結局、『在外同胞法』は、在外同胞の平等権を侵害していることが認められる。

『在外同胞法』はまた、『韓国憲法』の「相対性の原理」に反している。すなわち、権利と義務の法律関係から見れば、人間は、権利者であると同時に義務者でもある。しかし韓国の『在外同胞法』は、『韓国憲法』のこの相対性の原理から離れ、先進国に居住する在外同胞に対しては、義務なき権利だけを享受できる特別な地位を付与した。

二〇〇四年三月五日に改定された『在外同胞法』（法律第七一七三号）第二条に定められている在外同胞の適用の対象は次の通りである。第一、大韓民国の国民として外国の永住権を取得した者または永住する目的で外国に居住している者（以下「在外国民」とする）。第二、大韓民国の国籍を保有していた者（大韓民国政府の樹立以前に国外に移住した同胞を含む）またはその直系卑属として外国国籍を取得した者の中で大統領令が定める者（以下「外国国籍同胞」とする）。

しかしその後、韓国法務部は、改定『在外同胞法』を全面的に施行することができなかった。結局、数人の在韓中国朝鮮族同胞は二〇一一年八月二三日、韓国憲法裁判所に改定『在外同胞法』の全面的な施行を要求する訴訟を提起した。

四、おわりに

数回の改定を経た『在外同胞法』は、中国の朝鮮族同胞とロシアの高麗人の法的地位をある程度向上させたものの、施行の面から見れば、先進国に居住する「外国国籍同胞」と発展途上国に居住する「外国国籍同胞」の地位および「外国国籍同胞」に対する待遇には、以下に見られるように、まだ甚だしい差が存在する。

第一に、出入国に対する制限である。韓国法務部は、改定された『在外同胞法』を全面的に施行していないため、三〇〇万もの在外同胞は享受すべき平等な待遇をいまだに受けていない。中国の朝鮮族同胞とロシアの高麗人にはF4（在外同胞）ビザのほかに、C3（短期研修）、D4（一般研修）、H2（訪問就業）などのビザが発給されている。多くの場合、このようなビザを発給された一部の同胞は、外国人労働者として待遇されながら、韓国の「3D業種」(*16)に従事している。上位ビザを発給された同胞は、一定の制限は存在するものの、出入国の自由は獲得したが、まだ多くの中国の朝鮮族とロシアの高麗人は、依然として出入国の制限を受けている。『在外同胞法』が全面的に施行されていないために「不法滞在同胞」が現れ、これによって彼らに対する送還の問題も表面化しつつある。それだけではなく、出入国に対する制限によって「無国籍の朝鮮族同胞」も出現するようになった。

第二に、「申告証」（外国国籍同胞〔の〕国内居所申告証）に書かれている英文姓名である。同胞とは、狭い意味では同一の父母から生まれた子女を言い、広い意味では一つの民族性を帯びている人々を指すが、韓国『在外同胞法』の言う同胞とは韓半島の子孫としての韓（朝鮮）民族を指し示す。現在、七〇〇万に達する韓国の在外同胞は、大部分自分の民族名を持っているだけでなくそれを使っているが、残念なことに、韓国法務部の発給する「申告証」には、パスポートに記載されている英文名しか記されておらず、漢字名は記載されていない(*17)。

今年(二〇一二年)は、韓国と中国が国交を樹立して二〇周年になる年である。去る二〇年間を振り返れば、両国は相互に依存しながら共通の利益を守ってきたことが分かる。長い間、韓国は在外同胞の問題に関心を持って配慮し、様々な分野において支援してきたが、一部の在韓中国朝鮮族同胞は、二〇一一年八月二三日、再度、韓国憲法裁判所に、一九四八年の以前に韓半島を離れた三〇〇万人にも及ぶ在外同胞に対して、改定『在外同胞法』の全面的な施行を要求する訴訟を提起した。これは、韓国の『在外同胞法』に対して在韓中国朝鮮族同胞が提起した二回目の訴訟請求である。

総じて、韓国の在外同胞は韓国の「国有財産」とも言える。彼らは東アジアの発展のための重要な位置に立って大きな作用を発揮してきており、また韓国経済の発展のためにもある程度寄与している。在外同胞の問題は、韓国の経済・文化などの領域における発展だけではなく、ひいては東北アジア平和共同体を成立させるために解決すべき一つの課題でもあるため、韓国政府は在外同胞の間における法的地位および平等権の問題に更なる注意を払い、且つ更なる保障を与える必要があると思われる。

【註】

＊1　本研究は、韓国国際交流財団（二〇一〇年）および韓国学中央研究院（二〇一一年）の海外韓国学に対する支援事業によって行なわれた。

＊2　【韓国の在外国民】――大韓民国の国籍を持つ民団（在日本大韓民国民団）の構成員（在日朝鮮（韓国）人の主要な比率を占めている）。【朝鮮の海外公民】――朝鮮民主主義人民共和国の国籍を持つ朝鮮総連（在日本朝鮮人総連合会）の構成員。【韓国の在外同胞】――自発的に帰化の申請をして日本国の国籍を持つ在日朝鮮（韓国）人。多くの場合、彼らは「民団」と「朝鮮総連」を離れて独立した社会団体を形成しているため、彼らにとって韓国あるいは北朝鮮は祖国ではなく母国となっている。【無国籍朝鮮人】――韓半島が分断される前に韓半島の国籍を所有していた者で、実際には無国籍者である。

＊3　岡克彦「韓国における「在外同胞」の概念とその政策」『法学研究』延世大学校法学研究院（韓国）、二〇〇二年、四九頁。

＊4　岡克彦の前掲論文、五〇頁。

＊5　鄭印燮「「在外同胞の出入国と法的地位に関する法律」の内容と問題点」『ソウル国際法研究』第六

巻第二号、韓国、一九九九年、三〇三頁。

＊6 鄭印燮『在外同胞法』サラムセンガク（韓国）、二〇〇二年、一二頁。

＊7 盧泳暾「在外同胞法の改正方向に関する研究」『国際法学会論議』第四七巻第三号、韓国、二〇〇二年、九八頁。

＊8 全宰鎬「世界化の時期における韓国の在外同胞政策の争点と対案」『韓国と国際政治』第二四巻第二号、慶南大学校極東問題研究所（韓国）、二〇〇八年、九八頁。

＊9 全宰鎬の前掲論文、一一四頁。

＊10【参考】李宗勳「在外同胞法の改正の問題」『韓日民族問題研究』韓国、二〇〇三年、一一二頁。鄭印燮の前掲論文（註5）、三〇五頁。

＊11 原告……①趙淵燮――一九二四年三月一一日生まれ、（中国における）住所：中国吉林省和龍市西城鎮西城村。②文賢順――一九五四年一一月二九日生まれ、（中国における）住所：中国黒龍江省牡丹江市朝鮮族小学。③田美羅――一九五七年一一月三〇日生まれ、（中国における）住所：中国黒龍江省寧安市土地管理局。上記原告三人の韓国における住所：京畿道城南市水晶区太平二洞七二八八――一一「城南外国人労働者の家」。

＊12 韓国憲法裁判所は、一九八八年に制定された韓国現行憲法に基づいて設立された。憲法裁判には、

次のような三種類の人物が参加する。すなわち、第一は一般市民、第二は弁護士、第三は裁判官である。憲法裁判所の裁判官は九人から成っている。その中の三人は国会によって選任され、三人は大統領によって指名され、三人は大法院長に指名される。韓国憲法裁判所は、次のような五つの権限を有する。すなわち、①違憲法律〔に対する〕審判、②弾劾審判、③政党解散審判制度、④権限争議審判、そして⑤憲法訴訟審判である。憲法訴訟は、国民個々人が、自分の権利に発生した侵害につき、憲法裁判所に向けて訴訟を提起する制度である。韓国憲法裁判所による憲法訴訟制度の採用は、国民の権利意識を引き起こし、強化している。

＊13　韓国憲法裁判所が在韓中国朝鮮族によって提起された訴訟請求を受諾（接受）したことからも、これを知ることができる。

＊14　鄭印燮の前掲書（註6）、一五一頁。

＊15　中国では、中国人としての血統と中国の国籍を持つ華僑と、中国人としての血統と外国の国籍を持つ華人とを区別して認めている。

＊16　汚くて、きつくて、危険な分野の仕事（日本の在日朝鮮（韓国）人の場合は3Kという）。

＊17　中国朝鮮族同胞が持っている中国の身分証には、民族名が表記されている。

（翻訳・金永完）

犬塚直史「東北アジアの信頼醸成とＨＲＴＦ（国際緊急人道支援部隊 Humanitarian Relief Task Force）構想」に対する所感

趙　長衍

国際緊急人道支援部隊（Humanitarian Relief Task Force：ＨＲＴＦ）の創設は、その本来の主旨と精神から見ると大いに説得力のある主張です。ＨＲＴＦの創設は国連平和維持軍（United Nations Peacekeeping Force：ＰＫＦ）に比べる時、最大の違いは常設化による即刻対応にあると見えます。軍（Force）ということは武力を伴った統制・制御能力を前提としているが、ＨＲＴＦもそのような軍（Force）という範疇にあるとしたら、そういうＨＲＴＦという組織を常設化した時に現れるさまざまな問題を考えてみなければならないと思うのです。

人間の持っている利己心が権力化された時、それを統制すること、またはそれを統制するための別の装置を探すのはとても難しいことです。私たちは過去の歴史を通じて、純粋な精神が現実的な要因によって毀損されたり歪曲されたりする場面をたくさん目にしてきました。東洋思想のうち、一番理想的な世界を追い求める哲学は道家と墨家でした。道家が人間の人為的な介入を極端に拒否したのに対して、墨家は人間の人為的な介入を極大化させました。しかし、彼らの夢が叶うことはありませんでした。墨家の祖である墨子の思想は社会主義ではありませんが、社会主義と多くの類似点があります。社会主義は人間の社会的実践を強調しながら、献身的な自己犠牲と高潔な道徳性を基にして維持されてきました。しかし人間の内面にはまた他の欲求があります。それはほかでもなく利己心です。社会主義は強い組織力と理性的な判断に基づいて支えられてきましたし、経験と実践がその社会の推進力でした。しかし組織力に隙間が生じて、その隙間から利己的な欲求が湧き出てきた時、社会主義は没落の道を歩くしかなくなったのです。

国連（UN）は国家の連合体的な性格を帯びてはいますが、強大国の政治的・経済的利害関係を超越して統制・調整する能力を持つことができないでいます。依然として国家権力を超える力を持つことができないようです。こういう訳で、ＨＲＴＦの創設も、相変わらずその組織の財政を支える国家機関の立場が反映されるほかないのです。それによって、政治的な問題が表面化してくることがあります。すなわち、組織の主体や運用方式などは単純に非政府的な集団から出発すると言っても、資金力と人的協力態勢を常設化した組織で運営する際に生じる権力構造化という現象を考慮しなければならないということです。ややもすると、その組織の財政と人事をつかんでいる国家がその組織（たとえばＨＲＴＦ）の意思決定を独占したり、掌握したりする恐れが生ずるのです。

宗教は人類の歴史とその起源を共にするほど、人類の文化の一翼を担ってきました。以後、宗教は政治・経済・社会・文化に対して大きな影響を与えました。そこには肯定的な面も、否定的な面もありました。その否定的な影響を与えた面とは、宗教者が世俗化して権力化した時代でした。それでも、宗教が現在でも相変わらず機能しているのは、権力化しないで、権力と互いに仲直りを模索しようとする努力があったからです。権力と距離を置く時、宗教はその本来の機能を発揮することができるはずです。個人的な目で見ると、国家権力のできる仕事と非政府組織のできる仕事は、その性格に違いがあると思います。

東北アジア平和共同体の構築と南北朝鮮（半島）問題

林　炯眞

一、増幅される東北アジアの競争関係

韓中日の平和共同体構築の理想は多くの人々の長年の夢だった。特に一〇〇余年前に殉国した安重根義士の『東洋平和論』は、東北アジア諸国の平和と共存のための方策を示すものとして今でもその有用性が認められている。彼が主張したアジア共同体、ブロック経済論を実現するための韓中日三国統一通貨の発行、共同の軍隊創設などは、現在活発に進行しているヨーロッパ連合（ＥＵ）の目標を超える東アジア平和共同体の理想である。

しかし、今の現実は韓中日が皆各々の巨大な国家目標を設定して、その目標達成のために競うように力を尽くしている状況である。中国の強大国への野望と、経済力と軍事力を兼備した「普通の国家」への転換を主張する日本、そして韓国の「七四七」政策のような大国志向の富国強兵論などはすべてが当面の国家目標である。ここに、東北アジア体制へ

の積極介入を叫ぶアメリカと、いつでも介入する用意ができているロシアの存在など、予測不可能な状況は過去の歴史よりむしろもっと悪くなっていると言える。このように各々が自国にだけ関心を持ち、自らが皆の中心になろうとするならば、東北アジアの平和と共栄は知識人たちの机上の空論に止《とど》まる可能性が濃厚である。

また、このほかに東北アジア平和共同体の構築において難しい点は、その構築ということがそこに属している国々だけの問題に限っていないことである。すなわち、東北アジアは伝統的にアジア諸国あるいは欧米列強諸国による勢力争いの舞台であった。帝国主義的な侵略が最も尖鋭になされたのもこの地域であったし、最大の被害を受けたのもやはりこの地域の住民たちであった。今も東北アジア地域は相変わらず国際政治の中心舞台となっている。したがって、この地域に属している国々の賢明な対処なしには、このような歴史は繰り返されるしかないと思われる。

実際に、全地球的に見て東北アジア地域は共同の安全保障協力体制のない唯一の地域である。ヨーロッパにはNATO（北大西洋条約機構）、オセアニアにはANZUS（オーストラリア・ニュージーランド・アメリカ合衆国間の安全保障条約）、東南アジアにはSEATO（東南アジア条約機構。一九七七年に解散）、アメリカにはOAS（米州機構）、アフリカにはOAU（アフリカ統一機構。二〇〇二年に消滅し、新たにアフリカ連合（AU）として発足）、中東地域にはCENTO（中央条約機構。一九七九年に消滅）がある。六つの大陸にはすべて集団安全保障機構があるのに、東北アジア地域にだけ唯一ないということは、それほどこの地域に危険な要素が内在していて、まだ軍事競争の構図が持続しているということである。すなわち、東アジアはまだ冷戦の構図と遺産がそのまま残っている、世界唯一の地域なのである。

二、東北アジア経済共同体のための模索

東北アジアの韓中日の三国は、今や地域別経済規模において世界第二位を記録していて、近いうちに世界第一位に上がることが予想される。世界銀行の統計を見ると、二〇一〇年の韓中日三国の国内総生産（GDP）の規模は一二兆三九九億ドルで、一二兆一四五四億ドルを記録したEUを追い抜いて世界第二位に浮上している。第一位はアメリカで、一四兆五八六七億ドルであった。

このような展開から見ると、韓中日三国の経済規模がアメリカを追い抜くことは時間の問題と見える。韓中日三国の国内総生産は去る一九九〇年、三兆六七八八億ドルで、五兆

七五〇八億ドルだったアメリカ、五兆六八八一億ドルだったEU（当時はヨーロッパ共同体：EC）より二兆ドル以上も少なかった。しかし韓中日三国は以後二〇年間、年平均複合成長率（CAGR）一二・九％を記録しながら、EUに追い付いた。同期間にアメリカは九・八％、ヨーロッパは七・九％の年平均成長率を記録した。また、韓中日三国の国内総生産が全世界に占める比重も、同期間に一六・八％から一九・六％と大きくなった。このように単一経済圏では、韓中日三国は人口対比で世界最大の市場を形成していると言える。東北アジア経済共同体が決して夢ではなく、現実となりつつある。

しかし、そこに至るまでには幾多の問題が存在している。すなわち、韓中日三国の経済共同体の構想は将来必ず訪れる課題であるにもかかわらず、第一に、三国の政治的な信頼関係が堅固ではないという弱点を持っている。三国の長年の政治的な葛藤と歴史的な葛藤などは、常に三国の緊張を持続させる重要な問題である。これに加えて、最近急速に成長している中国に対して、韓国と日本が相当な脅威を感じ、特に東北アジア共同体に「変数」として登場するアメリカの存在は、このような韓・日の脅威の中心を占めている。第二に、三国間の経済発展の格差が大きいという点である。自由貿易をする場合、韓国と日本はサービス産業と投資が有利であって、中国は農業分野で有利となる。しかし、この問題に対しては三国が互いに共感し合える関係を形成しなければならない。第三に、韓中日三国と北韓（北朝鮮）との関係設定である。北朝鮮を除いた東北アジア経済共同体の構想は縁木求魚《えんぼくきゅうぎょ》（木に登って魚を求める。不可能の意）にすぎない。したがって、北朝鮮を東北アジア経済共同体に参加させることが極めて重要な課題になるのである。

三、安全保障共同体に向けた模索

東北アジア平和共同体の核心は、安全保障的な次元のものとして形成されるであろう。しかし最近の事態は、このような私たちの希望への暗雲になっている。すなわち、東北アジア地域は輸出商品の生産工場から世界最大の市場としてその様態を変えながら、一方では軍事力を背景にして自国の利益だけを追い求める国際社会の権力抗争が強化されている。その背景には、アメリカが中国の影響力の拡大を制限しようとし、一方、中国はアメリカとの軍事的な衝突は避けるが、アジアでのアメリカの影響力を縮小させようとする、といった戦略的ゲームがある。

最近、アメリカのパネッタ国防長官はヴェトナムとインドを訪問して、両国との軍事的協力の強化を訴えた。これについては、従来アメリカが韓国および日本との軍事的な協力関係を念入りに構築してきた、その後を引き継ぐ段階として評価される。ここに正面から対抗するように、中国はロシアとの合同軍事訓練を強化して、上海協力機構（ＳＣＤ。中国、ロシア、タジキスタン、ウズベキスタン、カザフスタン、キルギスが加盟）をより強化していくことに合意した。中国は上海協力機構を西側先進諸国の集まりである北大西洋条約機構（ＮＡＴＯ）に対抗する東方の地政学的な同盟体として構想している。これはアメリカの対中国封鎖政策に対する、はっきりとした軍事的な対応である。

結局、東北アジア平和共同体構築のための最大の課題は、軍事的な対立と競争の止揚にあると言える。そのためには、まずアメリカの認識変革が急務だと思う。すなわち、アメリカがこれからは、中国を戦略的に敵対国家として設定する外交方式から脱皮しなければならないということである。アメリカの外交政策に最大の影響を及ぼしているのが軍需産業であることは、皆が知っている事実である。世界平和のために、また東北アジアの平和のためにも、アメリカが覇権主義的な外交政策を修正しない限り、東北アジア平和共同体の構築は遥遠なものになるであろう。

また、東北アジア平和共同体の構築を阻害する重要な要素は、北朝鮮の核開発と核兵器保有である。すでに、北朝鮮は憲法に核保有国である旨を明示している。これが北朝鮮核問題の解決を一層難しくしている点である。それでも、この問題を解決するためには既存の六者会談はもちろん、四者会談（韓中日米）、さらに東北アジア諸国だけによる純粋な四者会談（韓北中日）などすべての方策を講じなければならない。

四、東北アジア平和共同体と朝鮮半島の統一

東北アジア平和共同体構築の核心は、朝鮮半島問題の解決である。特に北朝鮮の核問題に惹起された東北アジア地域全体の緊張の長期化は、東北アジア平和共同体の設立を遥遠なものにし、逆にそれほど平和共同体の設立が喫緊の課題であることを証明してもいるのである。朝鮮半島の緊張が緩和され、ひいてはどのようにして南北朝鮮の分断を平和的に解決するかが、東北アジア平和共同体設立の鍵である。

南北朝鮮は過去半世紀以上を民族分断の束縛下に置かれていたが、私たちは新しい世紀は確かな和解と平和に基づく理想的な民族国家が樹立される転換の時期へと完成されるべきだと信じている。分断による多くの弊害は、南北朝鮮住民の被害だけに止《とど》まるものではなく、平和体制の樹立が遥遠なものとなる東北アジア諸国とその住民すべてにつながっている。もちろん、現在も南北朝鮮は分断を乗り越えるための統一運動に力を尽くしてい

る。しかし、相変わらず国際政治的に編まれている東北アジアの状況にあって、分断を南北の力と努力だけで解決するのは難しい。なおかつ、自衛的な目的だとは言っても、北朝鮮が保有している核の問題は新しい雷管（起爆装置）となる可能性も十分にある。

朝鮮半島の分断克服のための一歩は、分断の原因を癒すことから始められなければならない。朝鮮半島の分断が確かに第二次大戦の産物だと言うならば、東北アジア諸国は皆、責務を負わなければならない。実際に東北アジア諸国は、皆が分断原因と深化に相当部分の影響を及ぼした。そのため、その解決にもある程度の役割が要求される。朝鮮半島に分断が続くかぎり、東北アジアにおける平和と共存は不可能である。したがって、東北アジア諸国の朝鮮半島統一への協力はもちろん、積極的な支援も絶対的に必要なのである。統一した朝鮮半島が、決して排他的な民族主義を採るはずはない。特定国家の肩を持つこともないであろう。東北アジア諸国は、統一した朝鮮半島は必ずや東北アジアの平和と繁栄に寄与する国家として生まれ変わるに違いないと、はっきりと認識して協力しなければならない。

分断の原因を癒すというのは、政治的には分断を惹起させた諸々の要因を解消するということだが、理念的には今日の分断という現実を創り出した心の障壁を崩すことである。

朝鮮半島の統一のためには、確かに一番現実的に接近していかなければならない。しかし、朝鮮半島の統一は一番未来志向的でなければならない。さらに、その目標と原則が明確に策定されていなければならない。朝鮮半島の統一の目的が統一自体ではなく、統一が追い求める理想、すなわち歪曲されて屈折した近代史を修正することである。ひいては東北アジア諸国民が民主的な制度下で平和的な生を具現することにあるのである。

五、「求同存異」の協力姿勢が必要

既に、ご存じのとおり、現代の世界的な潮流として私たちは、これまでの物理的・科学的な競争のみを追い求めた西勢東漸の時代が退いた今、人間社会の倫理性・道徳性を回復しようとする精神文化の東勢西漸の時代を渇望している。東洋の進んだ精神文化を忘れては、人類社会の平和を形成し構築することはできないからである。今こそ本格的なコスモポリタン的な共同体理念が提示されて人類の混乱を乗り越え、ひいては平和と和合（打ち解けて仲良くすること）の世紀を準備しなければならない時期に差し掛かっているのである。

このような時期の深化および発展において、宗教の役割は非常に重要だと言える。宗教者が自らの救済を超えて、一つの社会的公器としての役割を果たそうとするならば、正確な歴史の理解に基づいて、実存的な問題にも回答しなければならないと思う。東北アジア地域は歴史的に時間と空間を共有してきた。その中で軍事的に緊張しながら、経済的な利益のために競争してきた地域であった。そのために葛藤と対立、そして競争関係が持続してきたのである。しかし今日、お互いの共生と共栄のためには、これ以上の対立は皆の共倒れを急《せ》き立てるだけである。

中国の浮上という巨大な地政学的変化の中で、南北朝鮮と日本が歴史的な流れを理解して、国家ごとの違いを認めながら共通の利害関係を志向し、お互いの利益を極大化する「求同存異」の姿勢で協力していかなければならない。すなわち、お互いの相違点のみを強調して、否定的な面のみを浮上させるために努力してきたのが今までの東北アジア国家関係であったとするならば、これからの韓中日はその反対の方向に進まなければならないということである。お互いの共通点を探し出してそれを拡大させて、肯定的に発展させるなかで導き出される異質的で否定的な点は、しばらく後回しにしておこうということである。これがいわゆる求同存異による接近法である。

求同存異は、まず、お互いに相手の存在を正当に認めてから、お互いに論議が可能な領域から話し合って合意点を探しながら、徐々にその合意の範囲を広げていこうということで、柔軟性と実用性を強調することで評価される。感情に基づいて、相手を自分たちの方式に従わせようとする論理や、すべてのことを相手の立場を考慮しないで、ただ自分たちの価値観や道徳的な基準だけで裁断しようとすることは、これ以上、東北アジア平和共同体の構築には役に立たないはずであろう。韓中日、そして北朝鮮も、相手国を「自分なりの論理と価値観を持っている国であり、また、一つの多元性の対象」と認めて、相手国と何とかして共通の分母を探す姿勢が、この時点の東北アジア平和共同体構築の運動が要求する最初の一歩だと思う。

東北アジア平和共同体の構築
——国際政治における倫理的挑戦と最良の実践

山本俊正

一、はじめに

昨年（二〇一一年）開催された第二回ＩＰＣＲ国際セミナーにおいて、東アジアの平和共同体を構築するにあたり、普遍的な共通の倫理とは何かを検討する必要性が認識されました。今回のセミナーでは、この共通の倫理的規範を政治、経済、社会・文化の領域で討議し、声明文として採択することが目標とされています。

二、東北アジアにおける「倫理」的伝統

私たち東北アジアに生きる者が、この地域で平和共同体を構築しようとする時、政治における倫理的挑戦とは何を意味するのでしょうか。宗教者にとって「倫理」という用

語は、「人間の生き方、あり方」に触れる重みのある言葉です。「倫理」とは英語のethics（エシックス）の訳語ですが、ラテン語のethica（エチカ）は「慣れ親しんだ住居、習慣」を意味します。これを私たちに引きつけて考えるならば、慣れ親しんだ東北アジアという地域であり、東北アジアの伝統、習慣ということになります。また語源とされるギリシア語のēthos（エートス）にも「習慣的、習俗的」という意味が含まれています。「エートス」という語の概念を拡げたドイツの社会学者マックス・ヴェーバーはエートスを、社会認識の基軸として捉え、それを人間の生活態度、心的態度、倫理的態度に分類しました。人間の営みの一つである政治的な行為において、個人に内在する基準、個人の内面に光を当てたのでした。また、アリストテレスは『政治学』という本の中で「人間は政治的動物である」と定義していますが、アリストテレスは政治学を倫理学の延長線上にあると考えていました。国際政治の主体とは、通常、国家であったり、その国家によって構成される国連であったりしますが、一九九〇年代後半から国際政治の新しい主体、アクターとして非政府組織（NGO）や市民社会が国際政治の舞台に登場するようになります。国際政治における倫理の問題もこれに伴い、国家という集団、共同体をその対象とすると同時に、市民社会やそれを構成する個人の倫理的態度と無関係ではないと言えます。

また、倫理という用語が、ギリシア哲学や西洋思想の専売特許でないことも知る必要があります。古代中国の儒教のテキストのなかにも倫理という語が見られます。このあたりのことは中国からの参加者の方々に教えていただきたいのですが、儒教では倫理を「ものごとの筋道」、「人の道を踏み外していないこと」を意味すると理解されます。この古代中国に成立した倫理観は、人間存在のあり方の規範として、政治や経済の道理として、儒教の伝来とともに、朝鮮半島の人々や日本人の心のうちに定着したと考えられます。「人倫の道」とか「五倫」、「五常」という術語も、明治以前の日本の政治思想に影響を与え、政治の基底をなした概念でした。

三、「善」と「悪」という倫理観と政治倫理の不透明性

一般的に西洋の「倫理」は、「善」と「悪」を問題にすることを大きな特色としています。何が「善」で何が「悪」なのかを問題にします。古代ギリシア人の生活のなかに、初めて実践的な倫理をもたらしたと言われるソクラテスは、「汝自身を知れ」と言いました。ソクラテスがこの言葉に込めた真意は、人間の本質をなす「善」を見定め、それに従って行動することを促したと考えられます。人間の本質を見つめることなしに、政治や経

済、社会の倫理を論じることはできないということです。

しかし、「善悪」を判断する価値基準も多様です。私たちは、「大雨」や「大雪」になると「天候が悪い」と言いますが、これは、多くの人が大雨や大雪を嫌い、「晴天」が「善」の基準になっているからです。みんなが晴天よりも大雨のほうが好きであれば、「大雨」の時に、「天候がよい」と言うかもしれません。スキーが大好きな人は、いつも大雪を望んでいるかもしれません。一般的には「悪い」とされることが、ある人にとっては「善い」ことになるという逆転は、政治の世界では日常茶飯事と言えます。

四、戦時の倫理と平時の倫理

フランスの哲学者であるロジェ・カイヨワは、彼の書いた『戦争論』という本の中で、戦争祝祭論を提示しています。カイヨワは、戦争や祭りのときと平時とでは、道徳的規律や倫理的規範の根源的逆転が起こることを指摘しています。戦時には、人は人を殺すことができ、また殺さなければならないが、平時には殺人は最大の罪とされます。同様に、祭りにおいては、トーテム（自分たちの「部族」や「血縁（血統）」に特別に関連していると信じている野生の動物や植物）を食べたり同族の女性と交わるなど、平時には冒瀆的でタブーとされる種々の行為が行われ、また行わなければならない状況が生まれます。戦争においても、祭りにおいても、日常のタブーが逆転するということです。

日本でも民俗学者の柳田國男は「ハレ」と「ケ」という聖俗二元論を提示し、祭りのような儀礼的な催しが民衆の無礼講を伴うことにより、支配者による抑圧構造の「ガス抜き」として機能してきたことを示唆しています。すなわち、「ハレ＝聖」と「ケ＝俗」の関係において、価値観や倫理観が逆転することで、政治支配が強化されると解釈できるわけです。

五、東北アジアの政治における倫理的挑戦

東北アジア、特に朝鮮半島には冷戦体制の遺産が依然として強く残っています。朝鮮半島は現在も休戦状態で、基本的には戦時下とほぼ同じ状況と言えます。朝鮮半島が分断されていることから利益を享受している勢力があるように、戦争が行われることが国益において必要であれば、それを遂行するのが政治における現実主義の立場です。「不殺生」、「殺してはならない」という宗教的な倫理は、戦争を遂行する政治の世界では無力な倫理に転換します。私たちは、国家主義や独裁体制という名の下に、平時では許されない行為

が、なし崩し的に人々の倫理的規範として横行する危険性を直視する必要があります。

平和を構築するために、お互いが人を殺す武器を蓄積し、相手を威嚇するという抑止論は倫理的規範の逆転、倒錯にほかなりません。平和を実現するためには平和の準備が必要です。武器の蓄積で戦争の準備をすれば、やがて戦争が実現します。とてもシンプルな法則です。

NGO、市民社会、そして宗教者がなすべきことは、民衆レベルでの信頼の醸成を促進するような「政治における倫理」を創出することです。それが、平和の実現、構築につながります。東北アジアの文脈では過去の歴史的経緯から、信頼醸成は強調しても強調しすぎることはありません。東北アジアに、平和の共同体を構築するための、政治における最大の倫理的挑戦とは、朝鮮半島を例にとるならば、ロジェ・カイヨワが指摘する倫理的規範の根源的逆転をどう防ぎ、「逆転」したものをいかに修正するかの手だてをNGO、市民社会、宗教者が提示することです。そしてそれは、各国および民衆レベルの信頼醸成を促進する人的交流やIPCR国際セミナーのような顔の見える関係構築のための実践をすることにあると思われます。

次に、私が過去一〇年に亘《わた》って関与してきた、東北アジア、特に朝鮮半島の平和共同体構築のためのＮＧＯによる実践例を紹介したいと思います。

六、「南北コリアと日本のともだち展」の実践

「南北コリアと日本のともだち展」という日本、大韓民国（以下、韓国）、朝鮮民主主義人民共和国（以下、北朝鮮）の子どもたちによって描かれた絵画展が毎年、日本、韓国、北朝鮮を開催場所（同時開催）として実施されています。「二一世紀を平和の世紀にしたい」、「北東アジアに生きる隣人でありながら、今は自由に出会うことはできないけど、絵やメッセージを通して出会いの場を作っていこう」という願いから開始されました。日本の様々なＮＧＯ（ＪＶＣ（日本国際ボランティアセンター）、地球の木、ピースボート）、ＮＣＣ（日本キリスト教協議会）、アーユス、ＹＭＣＡ（キリスト教青年会）などキリスト教を含む宗教系の団体が共同で進めているプロジェクトです。

「南北コリアと日本のともだち展」が東京、ピョンヤン（平壌）、ソウルで最初に開催されたのは、今から一一年前の二〇〇一年ですが、開催に至るまでの前史として、二つの大切な出来事がありました。第一番目は、一九九五年に北朝鮮で起きた大雨による洪水大災害でした。北朝鮮政府はすぐに、世界のメディアを通して国連に支援要請を行いまし

た。北朝鮮による支援要請は異例なことであり、それだけ被害が大きいことを示していました。当時、私は日本のキリスト教、プロテスタント教会団体で構成されているNCCで働いていましたが、すぐに世界のキリスト教会代表がマカオに集まり、国際会議が開催され、北朝鮮からもキリスト教代表者が出席し、洪水のビデオを上映し、支援の要請がなされました。

一九九五年、九六年、九七年、二〇〇〇年には日本政府もコメを中心として食糧支援を行いましたが、同時に日本の様々なNGOも早い段階で「北朝鮮人道支援NGO連絡会」という情報ネットワーク組織を立ち上げ、緩やかな組織形態でありながら、情報、意見交換を進め、現場への物資の支援活動のみならず、アドヴォカシー（政策提言）活動、資金調達などについても協力の可能性を検討しました。また、この情報ネットワーク組織は、同様に支援活動を行っていた韓国のNGOとの連携を持つようになり、一九九九年に、東京の在日韓国YMCAを会場にして、「北朝鮮人道支援日韓NGOフォーラム」を開催します。そして、このフォーラムに参加した韓国のNGO、「南北オリニ・オッケドンム」と運命の出会いが生まれます。この出会いが、第二番目の大きな出来事でした。「オッケドンム」は「肩を組み合う友だち」を意味しますが、このNGO「オッケドンム」が仲介役となって韓国の子どもたちと北朝鮮の子どもたちとの間で自画像とメッセージを交換していることが、このフォーラムで紹介されます。このことを知らされた日本側参加者は、それならば日朝でも同じような取り組みができるのではないか、と思ったわけです。「オッケドンム」から受けたインスピレーションと感動が現在の「ともだち展」の始まりでした。後に、北朝鮮人道支援に取り組むNGOのネットワーク組織が母体となり、「ともだち展」の実行委員会を形成することになり、現在に至っています。

最近、「ともだち展」の事務局長、筒井由紀子さんが「ポリシーフォラム21」という機関誌に寄稿した文章によると、この一一年間に東京、ソウル、ピョンヤンを往来した子どもたちは延べ一八〇名。各地域で交流ワークショップに参加した子どもたちは一〇〇〇名を超えています。絵を出品した子どもたちは三〇〇〇名以上、とのことです。勿論、「ともだち展」が国際政治の抑止論を克服するかといえば、そうは行かないし、夢物語といわれるかもしれません。しかし、いまもなお冷戦状況が続き「抑止論」が幅を利かせている、東北アジアの歴史の中で、「ともだち展」の歴史は、平和創造の対抗軸として、抑止論を克服する「信頼の醸成」「対話の継続性」など有効な倫理的価値を示し続けてきたと思います。いつの日か、朝鮮半島に平和が訪れ、南北が統一されるとき、日本と北朝鮮の国交が回復されるとき、「ともだち展」の歴史は、未来を担う子どもたちの絆の中で、更に輝きを増すだろうと確信しています。（了）

第二セッション

経済的側面から見た
東北アジア平和共同体構築のための
倫理的課題と実践方法

東北アジア経済共同体の成立を通じた倫理的市場経済秩序の創出[*1]

孫　炳海

一、序言

自由主義経済思想の創始者であるアダム・スミス（Adam Smith）は、予定調和説に即し、個人の利己心による行動は、「見えざる手」によって、社会全体の利益に昇華されると見ていた。すなわち、政府は民間の経済に関与せず夜警国家の役割のみ果たせ、という自由放任論を主張したのである。そのような自由放任論の現代版が新自由主義経済思想である。政府の干渉を排除し市場原理に任せれば、すべてのものが能率よく動かされるという思想である。しかし、スミスの自由放任思想の根底には、個人間の取引において倫理的な秩序と道徳的な良心が働いていることを前提にしている。彼の『道徳感性論』における「公平な観察者」が、その良心を代弁している。もし、市場において倫理と道徳心が消失してしまえば、我が社会において社会全体の利益を誘導するスミスの「見えざる手」は、これ以上機能しなくなる。むしろ、市場経済体制の内では、個人の利益追求にだけ没頭した結果、社会全体の利益は毀損されるようになり、またそれは関心外のこととして流されるようになってしまう。

今日の新自由主義的市場経済秩序は、そういう状況を作り出している。政府の干渉を排除し、競争による市場機能の極大化のみを強調した結果、「貧益貧」と「富益富」の葛藤が形成され、社会全体的には、過剰生産と過剰消費および廃棄物の大量放出のような非効率的な現象が、常に存在するようになった。人間がよりよく生きていくための手段として導入した市場経済制度なのに、実は、その中で人間は疎外され、競争と営利主義だけが作用しているのである。そして営利追求の手段に転落した様々な科学・技術によって、人間は物質の奴隷となりつつある。このような逆作用の過程において惹起される地球環境の破壊と資源枯渇の現象は、「地球村」社会の未来を脅かしているのである。

このように、今日において新自由主義的経済秩序が引き起こしている市場経済の危機は、生産の不足によって人類が窮乏に陥ったわけでもなく、技術の不足によって人類の生活が困窮するようになったわけでもない。その危機は、資本の論理に囚《とら》われて人間的な生活を考慮しなかった経済人の非人間的な営利至上主義から生まれた。そして際限なき消費欲望を節制し得えないまま、貪欲の奴隷となってしまった個人消費者の倫理意識の不在に起因するものなのである。したがって、われわれが現在直面している世界経済の危機に根本的に対処するためには、市場経済秩序の倫理化を推進していかねばならないであろう。経済行為を扱う学問分野の倫理化、そして営利追求の奴隷となって人類の未来に脅威を与える非倫理的科学・技術に対する倫理的規制を含む、すべての経済行為に対する倫理的思考による「再武装」が必要な時期に至っている。経済秩序に対するこのような倫理化の努力こそ、生産主体としての企業、消費主体としての個人が貪欲の奴隷になるのを防止し、自然破壊的で人間破壊的な市場経済の逆機能を調整する道になるであろう。

今回、宗教平和国際事業団（ＩＰＣＲ）で推進している「東北アジア平和共同体の成立のための倫理的課題と実践方案」についての国際セミナーは、このような経済秩序の倫理化を実践する運動の出発点という点で、その意義は極めて大きいと思われる。特に、現在私たちが体感している資本主義市場経済の問題点のかなりの部分が、西欧の個人主義思想から由来する側面を持つことを考慮に入れれば、それに対する補正機能は、個人主義的な西欧思想ではなく集団主義と社会的共益を強調する東洋思想――特に道徳倫理を強調する儒教的な価値――の中で、その補完的な機能を探し求めてみるのも、有意義な試みになろう。このような趣旨に基づいて、本発表では、東洋の倫理思想を共有している韓中日三国間の経済共同体の建設と、それを通じた暢達《ちょうたつ》な倫理的市場経済の意義、ならびにその可能性を提示したい。

二、資本主義市場経済体制の限界点

1 市場経済の危機

市場経済体制とは、人間が必要とする物資やサービスの生産、分配、消費といった諸過程を、市場の需要や供給の調節機能によって自動的に解決されるようにする経済システムをいう。市場の機能が正常に作動するためには、すべての市場参加者たちが市場に関する情報のすべてを持っていなければならないし、市場での取引も公正に行なわれなければならない。しかし、現実の世界には、完全競争の条件よりも、そこから外れた市場の形態がより支配的であり、独・寡占が支配的な産業も多い。市場情報も、やはり皆が均等に持っているというよりは、少数の企業や支配層が排他的に所有することによって、不公平な競争が行なわれる場合が多い。このような市場経済の弊害を減らすために政府の介入が要求されたり、企業の倫理的な綱領が要求されたりする。しかし市場経済体制下での政府介入は、それ自体、市場機能の低下、不正・腐敗の誘発といった新しい問題を引き起こしがちである。市場取引に対する倫理綱領や企業の倫理的責任は、市場経済の運営において基本的な規則にはなり得るであろうものの、これらは強制的な規定ではなく、現実の経済下では、むしろそれを回避しようとする意思が一層強く作用している。その結果、今日の市場経済体制の下では、個人と企業の私的利潤を追求するための競争論理しか存在せず、社会全体の利益と共に生きていくための共存の倫理意識は、期待し難い「口頭禅」になりつつある。このような共益の機能と倫理的な機能の不在は、市場経済体制の限界点として露呈されている。

実際に、現実世界において個人と企業は、自分の欲望を充足させるために活動するだけで、社会全体の厚生を極大化させることに対しては関心がなく、またそれに対する責任も負わないのである。経済倫理と道徳心が消失した市場経済の内では、スミスの「見えざる手」も正常に作動することができず、社会全体の利益も改善することができない。むしろ現在のような市場経済の下では、社会的利益を犠牲にして個人の利益と満足の極大化を追求する現象が一般化されつつある。社会全体の利益、国家の利益、ひいては「地球村」社会の利益がすべて、市場機能の外の課題として押し出されている。その結果、個々人の間では勝者と敗者の間における明確な対立が誘発され、社会的には分配の不平等による摩擦が持続している。そして「地球村」社会では、過剰生産と過剰消費による地球環境の破壊と資源条件の悪化によって、人類の危機が予想される。

2　新自由主義的市場万能主義の弊害

二一世紀に入って世界経済を席捲している新自由主義は、スミス以来の伝統的な自由主義思想を現代的に脚色した政策思想であり、英米式経済運営方式とも呼ばれたりする。これは市場に対する政府の介入を撤廃し、政府が管理している公企業は民営化し、すべての経済行為は民間による市場機能を通して解決しようという経済思想である。市場内では、すべての市場の参加者間における自由競争を通じて最適の需要・供給者を選択し、彼らが市場を支配するようにしようとする考え方である。しかしこのような思想は、二〇〇八年に発生した米国の金融危機から見てとれるように、市場機能の極大化と私的利潤の極大化だけに重点を置いた結果、個々人の経済行為に要求される最小限度の道徳的な基準すら忘却されてしまうような構造的問題点を抱えている。

新自由主義的市場経済秩序における最大の問題点は、市場における競争第一主義思想である。現在のような新自由主義的経済秩序の下には、すべての消費と生産および営利行為を市場機能に委任し、市場を通じた競争論理だけにすべての経済行為の妥当性を付与した結果、自由競争の効率性に劣らず、その副作用も深刻に現れている。初期の開拓経済の時代には、市場における競争が生産の効率性と消費の合理性を誘導してきた。しかし際限なき競争へ突っ走っている現在の市場経済体制は、効率性より副作用の弊害が一層速いスピードで増えている。競争によって経済倫理が消失し、「勝者独食」の原理がまかり通ることによって、少数の勝者には富が累積されるが、多数の敗者には生存への脅威が常に存在するようになる。それによって、市場経済の秩序は、共に生きてゆく共存の秩序が作用し難いという脆弱性を露呈するようになったのである。そして際限のない極大化の論理によって、企業は果てしない利潤追求の奴隷となり、利潤の極大化に目が眩《くら》んでしまった企業は、過剰生産、過剰開発の誘惑から逃れられなくなる。それによって、結局、物理的には地球環境が破壊され、社会的には人間性が破壊されるという災禍がもたらされている。

このような市場経済秩序の脆弱性により、今日、人間を尊重し自然を大切にする東洋思想の立場から資本主義の市場経済を批判し、診断しなければならない段階に立ち至っている。特に、人間中心の倫理性を強調している東洋思想から見た際に、資本主義には次のような限界点がある。すなわち、資本主義は欲望充足の極大化を受容しているが、自然条件の有限性を考慮に入れれば、それは永続的に維持されることではない。資本主義の稼動性と効率性は、市場における自由競争から生じてくる。しかし、自由競争がもたらす不平等の問題に対応するための社会的費用を考慮すれば、その効率性は大きく縮められざるを得ない。資本主義市場経済下では企業であれ国家であれ、いずれも持続的な成長を要求されており、現状維持は、事実上、世界的競争における淘汰を意味する。しかし、有限な自然資源をもって無限に持続的な成長を維持していくということは不可能である。それにもかかわらず、市場競争を通じて持続的成長を追求していくなら、結局、「ローマクラブ」（一九七四年）が警告したように、資源を枯渇させ環境を悪化させることによって、人類に危機を招来しうるのである。

このような資本主義の限界点を補正し、持続可能な発展条件を維持していくためには、利潤追求と競争原理にだけ依存している市場経済の秩序に一定の倫理的な要素を介入させ、極大化原理に立脚した生産方式と消費行態を修正する必要がある。資本主義市場経済の問題点は、資本主義そのものの限界点によって誘発されたものであるため、市場経済秩序の内では、その修正に必要な治療の素材を見出すことができない。むしろ資本主義そのものの問題点は、資本主義と相反関係にあった東洋の倫理観、道徳観、自然観からその解決の糸口を見出すことこそ、より大きな説得力を持つ解決策であろう。東洋思想の中で、仏教は来世祈願、道教は現実から脱した隠遁思想に立脚しているため、世俗的な経済行為の規範という面では、これらの思想から直接的な解決の糸口を見出すことは容易ではない。しかし儒家思想は、現実世界の政治、経済、社会的規範を、倫理と道徳的基準を基にして積極的に提示した思想体系である。したがって儒家思想は、市場経済における倫理性を追求する際に参考にし得る代表的な東洋思想ということができる。したがって本発表では、儒家の経済思想を中心に、資本主義経済秩序の問題点に対する補正機能と東北アジア共同体問題について論ずることにする。

三、市場経済の問題点の補正――経済の倫理化

1　経済学の倫理化

以上のような資本主義市場経済体制の危機論が出されるまで、それを擁護してきた現代経済学は、いかなる処方箋や代案も提示することができなかったという点で、最近では、

経済学の危機論まで台頭している。スミスの古典派経済学には、学問としての倫理性が内在していた。しかし、現代経済学においては、科学としての経済学があまりにも強調された結果、経済現象の計量的検証のみに執着するだけで、経済行為の倫理性や経済秩序の道徳的価値についてのアプローチがなかったのが、経済学危機論の一軸を成している。

前述したように、スミスの経済学においては、彼の『道徳感情論』において説かれているように、「公正な観察者」(impartial spectator)の姿勢や「同感」(sympathy)の原理のような倫理的な問題が投影されている。このように、スミスにおける経済行為は、倫理的な良心を前提にしており、彼の古典派経済学は倫理学をその土台にして形成されたものである。しかし、科学としての現代経済学は、科学的な検証論理のみを強調した結果、倫理の問題を排除してしまったため、今日の経済学においては、倫理的規範が消えてしまった(Amartya Sen, 1987.)。その結果、資本主義市場経済の内で起っている様々な形態の道徳破壊的な経済行為と、それによる経済的危機状況に対し、現代経済学は倫理的には全く対処することができないのである。それだけでなく、物質的欲求への無節制な衝動および利潤極大化の論理によって、人間の道徳性は消失しつつあり、物理的には人類の生存の基盤である地球環境が脅威にさらされ、資源の枯渇が現実のものとなっているのである。このような資本主義経済体制の本質的な問題について真摯に対応することができない点において、現代経済学は深刻な学問的危機に直面しているのである。

このような経済学の危機に対応するためには、資本主義市場経済の秩序に倫理的な秩序を反映させ、倫理的秩序に基づく経済的効率性を説明できるように、経済学の倫理化を推進していかねばならないであろう。経済学の倫理化を模索する際に、東洋的倫理観、特に儒家の経世哲学は、プロテスタントの倫理が資本主義の発展に寄与した度合いに劣らない、文化的エートス(ēthos)を提供できるであろう。例えば、私的利潤の極大化という論理よりも分配の均等化を通した社会的厚生の極大化に一層大きな価値を置き、個人の物質的な欲望充足よりも道徳的な価値を通して人間的な生活の満足度を高めることに、儒家哲学は大いに寄与することができるのである。儒家の経済思想は、科学的な検証方法のみを強調してきた現代経済学をして、人間のための倫理的学問として再構築させ得るし、そこに必要な思想的な材料を提供することができるという点に、その現代的な意義が存するのである。

こうした学問体系および研究の倫理化は、単に経済学だけでなく、経営学、政治学などの社会科学と、人類の物質的な生活に直接的に影響を与える科学・技術分野の研究領域においても、同時に推進していくべき課題である。しかし、学問の倫理化を通じた市場経済の問題点の補正によって、教育的な効果は期待し得るものの、実際の経済行為に対しては、非常に迂回的で観念的な効果しか持たないという限界点がある。したがって我々は、全ての市場参加者に、普遍的に適合する倫理的な基盤を確保することに、より多大な関心を寄せなければならない。

2　経済思想の倫理化

現代資本主義は、企業の利潤極大化、個人の欲望極大化の論理を一つの推進力にして発展してきた。その極大化の過程では合理性と効率性のみが強調されており、人間の倫理性や道徳性、または親子責任原理のような未来世代への思いやりは無視されている。そして今日の資本主義は、専ら現在の市場機能に依存して運営されてきた結果、長期的な過剰生産や過剰消費を制御できるメカニズムを持っていない。したがって、我々が選択できる道は、無節制な市場の機能を調節し、適正生産、適正消費を通じて人間が自然と調和する方法を模索することである。このような道の模索は、根本的には、市場に参加するすべての経済活動家たちの倫理的な覚醒から出発されなければならず、ひいては政策手段に倫理的綱領を反映させ、それが市場における取引を拘束するように、制度を補完しなければならないのである。

ここで我々は、市場参加者に対して普遍的に要求することができる経済倫理の基本要件として、儒家思想の倫理的経済観を吟味してみる必要がある。すなわち、有限な地球資源で無限な人間の欲求を充足させると同時に、持続可能な成長を維持していくためには、窮極的には、生産の極大化への努力よりも、消費の節制を誘導する儒家の節倹《せっけん》思想を学習しないわけにはいかない。さらに目先の利潤の極大化のために消費を刺激し、過剰生産を誘発する営利第一主義を克服するためには、企業と個人が自ら節制した経済行為を営むことができるように、経済倫理を定立しなければならない。このような市場参加者の経済倫理の基準として「節之以礼」、すなわち礼を以て節制した生活を維持する生活哲学が必要なのである。ここで礼は、自分だけの利益ではなく、他人へも気を配って、自分の欲心を自制する「節用以愛人」を意味し、物質的な豊饒より道徳的修養を通じて、もっと大きな喜びを享受しようとする儒家的倫理を意味する（徳本財末）。また、私的利益を求めても、社会的正義を優先に思考する「見利思義」の道徳秩序をも意味する。このような儒家の経済倫理は、利潤極大化の論理に陥没した個々の経済人をして、社会的な責任と社会的な費用の負担を自覚せしめる教訓となるであろう。

そして、競争原理による市場秩序は、経済的効率性は高められ得るが、市場参加者間の公平性の調節には失敗したので、国民経済の安定化には限界点を内包していると言わざるを得ない。国民総生産は増加するが、貧困や失業も増加するので、社会全体の満足度はむしろ減少するのが現在の市場経済制度である。

このような市場経済の機能を補正するためには、原始儒家の民本主義や共生主義の思想から、国家の役割と政策介入の目的は果たして何であるのかを学習する必要がある。特に、絶対的貧困よりも、分配の不平等による相対的貧困を政治の優先的な課題としてきた儒家の経済思想を、再吟味しなければならない。これは真の経済民主主義の目標が、生産や利潤極大化ではなく、分配の平等にあることを教えているからである。このような政策目標の実現のために、国家は一定の市場介入を正当化する必要がある。ただしこの際、政府介入の正当性は、あくまでも国民のことを先に考える民本主義政策理念の実現に置かれなければならないであろう。

また、西欧資本主義体制の下では、自然の支配を通じた人間の欲求の無限の充足が合理化されている。しかし、自然の支配を通じた無限の欲求充足への意志は、いつかは限界に達して行き詰まってしまうであろう。人間の欲望は果てしなく、自然からもらえる物理的な贈与は有限であるからである。したがって現代資本主義社会は、人間の欲心を節制し、自然の循環原理に順応する経済思想によって再教育されなければならない。東洋の儒家思想は、こうした経済思想の再開発に必要な思想的素材を提示している。儒家思想は、自然の支配ではなく、自然と調和を保ちながら発展していく「天人合一」の思想である。満足を極大化するために、生産と消費を極大化するのではなく、自然の循環原理に順応して、生産と消費を節制することを教えている。当面の欲望充足の極大化よりも、節制を通じた再生可能な生産条件の確保こそ、最も重要な課題であることを教示しているのである。

そして、現在のような市場経済秩序の下では、利潤追求と競争原理のみ強調された結果、市場では人間愛（humanity）が消えてしまい、人は市場の奴隷になりつつある。それに比して儒家思想では、人と人との関係を優先的に尊重する経済観による生き方を論じている。孔子は、『論語』「学而第一」で、仁の実践方法として、「入則孝、出則悌」、すなわち家に入っては親孝行し、外に出ては他人を恭敬するという、人間中心の相互関係を強調している。また、「見利思義、節用而愛人」の精神も、自分だけの満足ではなく、他者の利益と一般国民の便益を考える儒家の経済観を表している。こうした人間中心の人道主義的な経済思想こそ、人間性が排除されて人と人との秩序である「礼」が崩れつつある今日の市場経済の内部の問題点を改善するために必要な思想的素材に違いない。こうした見地から、我々は、東洋伝統の倫理的な経済思想を現代的に再解釈し、資本主義の市場経済秩序の問題点を補正するための素材として活用する必要がある。次節で提起しようとする東北アジア経済共同体の形成は、こうしたアプローチを可能にする制度的な基盤を提供するという点にその意義がある。

四、倫理的市場経済秩序の創出のための東北アジア経済共同体の建設

1　東北アジア経済共同体の市場的基盤

①機能的統合の進展

東北アジアにおける韓国、中国、日本の三ヵ国の間には貿易結合の度合いの増加、相互間生産の前後方連関効果の拡大などによって、経済の機能的な統合が進められてきた。こうした経済の機能的な統合の結果、韓中日三国は、一つの経済共同体として発展し得る市場的基盤を築き上げつつある。一九九〇年代以来、韓中日の間において不断に展開されてきた東北アジア経済共同体をめぐる論議の背景には、こうした域内経済の機能的な統合が

作用しており、本発表で強調しようとする東北アジアの倫理的な市場経済圏についての主張も、このような機能的な統合にその経済的な論拠を置いている。

韓中日三国間の経済的相互依存の構造は様々な側面から観察することができるが、ここでは域内貿易および産業の相互依存性が増大しつつある趨勢を通じて、それを確認してみよう。

まず、東北アジア共同体を通して資本主義の市場経済秩序の倫理性を確保するためには、何よりも東北アジア経済圏が世界市場に対して、市場支配力をある程度維持していなければならない。〈表1〉で見られるように、東北アジア三国は、GDP構成において、世界全体の総生産の約五分の一を占めている。この比重は、一九九〇年の一六・八%から二〇一〇年現在では一九・六%に増加してきた。中国の高速成長が持続することによって、この比重は今後も相当の間、増加していく見込みである。これに加えて東北アジア三国は、世界総人口の二一%を占めており、三ヵ国間の域内貿易の規模は、一九九〇年における世界総貿易量の一一・二%から、二〇一〇年には一八・二%に増加している。このように、東北アジア三国の世界GDPおよび世界貿易に対する影響力は引き続き増加する趨勢にあり、ヨーロッパ、北米に比して圧倒的に多い人口比重を維持するなど、こうした

〈表1〉　経済圏別GDPの比重（単位：%）

区分	1990	1994	1998	2002	2006	2008	2010
韓中日	16.8	21.6	17.4	17.9	16.3	16.9	19.6
東アジア	18.2	23.5	18.7	19.5	18.1	19.0	22.1
EU(25)	31.7	29.6	30.4	28.2	29.8	30.0	25.8
NAFTA(3)	30.1	30.5	32.9	36.3	31.7	27.6	27.2

資料：IMF World Economic Outlook Database, September 2011.
註1）東アジア：ASEAN（シンガポール，インドネシア，マレーシア，フィリピン，タイ）＋韓国，中国，日本.
註2）NAFTA：アメリカ，カナダ，メキシコ.

様々な指標から見れば、東北アジアは、世界経済に対する秩序を創出する機能を発揮できる段階に立ち至っていると見ることができる。

東アジア・ＥＵ（ヨーロッパ連合）・ＮＡＦＴＡ（北米自由貿易協定。アメリカ・カナダ・メキシコが参加）の三大経済圏のうち、対外総貿易量において域内国家間の貿易が占める比重は〈表２〉で見られるように、東アジアが一九七八年の三一％から一九九八年には四三％、二〇〇九年には五一％へと段階的に増加してきた結果、現在、三大貿易圏の総貿易量の中で、半分以上が東アジアにおける域内貿易として行なわれている。

貿易の地域集中度を表す地域化係数は、〈表３〉に示されているように、東アジアは一九七八年の約〇・〇四の水準から、二〇〇九年の約〇・一五へと大幅に高くなってきた。これは制度的経済統合が成されたＥＵやＮＡ

〈表2〉　3大経済圏の域内貿易比重（単位：%）

	1978	1988	1998	2008	2009
東アジア(10)	31	36	43	49	51
EU	57	62	55	67	66
NAFTA	36	41	51	49	48

資料：IMF, DOT and IFS 1980-2009. Taiwan Statistical Data Book, 2005-9, (www.moea.gov.tw).
註1）東アジア(10)：ASEAN(初期5ヵ国)＋韓国, 中国, 日本, 香港, 台湾.
註2）EU：1998年まで15ヵ国, 2008年は27ヵ国.
註3）NAFTA：アメリカ, カナダ, メキシコ.
註4）域内貿易比重＝$\frac{X_{ii}}{X_i}$＝100

〈表3〉　経済圏別対外貿易の地域化係数

	1978	1988	1998	2002	2008	2009
東アジア(10)	0.039	0.056	0.059	0.116	0.160	0.151
EU	0.127	0.145	0.157	0.173	0.218	0.187
NAFTA	0.028	0.033	0.053	0.053	0.059	0.046

註１）地域化係数, $R_c = X_{ii}/GDP_i$

ＦＴＡにおける地域係数より、一層速い速度で増加した数値である。このように東アジアは、過去数十年間、経済成長（ＧＤＰ増加）すればするほど、域内貿易の依存度が増加し、貿易の地域集中度が高くなるなど、貿易を通じた経済の機能的統合が進められてきた。

〈表４〉は、産業依存関係の拡大を通じた経済の相互依存構造を表している。この表は、韓中日の各国が自国内で最終財貨の一単位を生産するために隣国からどれくらいの中間材の輸入を誘発している

〈表4〉　韓・中・日3国間における生産の後方連関効果

産業		1985			1990			1995			2000		
		中国	日本	韓国	中国	日本	韓国	中国	日本	韓国	中国	日本	韓国
中国 China	一般機械	2.2186	0.0042	0.0009	2.6627	0.0050	0.0007	2.5309	0.0111	0.0276	2.616	0.015	0.032
	電気·電子 機械	2.2469	0.0050	0.0012	2.5710	0.0058	0.0011	2.4240	0.0136	0.0250	2.472	0.019	0.046
	輸送器機	2.3770	0.0055	0.0010	2.4954	0.0054	0.0007	2.4147	0.0082	0.0249	2.748	0.014	0.037
	精密機械	2.0499	0.0042	0.0012	2.4273	0.0051	0.0009	2.2635	0.0100	0.0221	2.400	0.019	0.031
日本 Japan	一般機械	0.1012	2.2603	0.2661	0.0494	2.1638	0.2084	0.0983	2.1689	0.1473	0.132	2.129	0.069
	電気·電子 機械	0.1474	2.3232	0.3521	0.0812	2.2295	0.3212	0.1623	2.1616	0.2298	0.195	2.111	0.081
	輸送器機	0.0808	2.6325	0.2873	0.0980	2.6916	0.1961	0.1202	2.6317	0.1697	0.133	2.596	0.083
	精密機械	0.1086	2.1205	0.3617	0.0715	2.0327	0.2689	0.1417	2.0107	0.1374	0.156	1.913	0.074
韓国 Korea	一般機械	0.0003	0.0037	2.0116	0.0041	0.0059	1.9977	0.0215	0.0065	1.9725	0.034	0.008	2.120
	電気·電子 機械	0.0004	0.0062	1.8173	0.0100	0.0092	1.8839	0.0335	0.0170	1.7284	0.054	0.019	1.703
	輸送器機	0.0002	0.0035	2.0003	0.0048	0.0053	2.1398	0.0225	0.0056	2.0627	0.029	0.008	2.344
	精密機械	0.0003	0.0041	1.7998	0.0044	0.0071	1.9184	0.0202	0.0104	1.8078	0.036	0.013	2.001

資料：Institute of Development Economics, JETRO, Asian International Input-Output Table, 1985-2000.

のかを表している。

この表で見られるように、機械、電機・電子および運送器機のような主要資本財の産業において、一国の国内生産によって誘発される隣国の中間材生産の誘発効果は一九八五年から二〇〇〇年までの間、ほとんどすべての貿易の流れの中で、速い速度で増加している。これは、韓中日三国間の産業依存関係が、それほど深くなっていることを物語っている。ただし、日本の韓国に対する中間材の輸入依存の比率は減少の趨勢にあるので、韓日FTA（自由貿易協定）をめぐる論議などを通じて別途の対策を講じる必要がある。

以上の貿易統計から見ると、東北アジアの韓中日三国の間においては、貿易を通じた域内市場の機能的統合が速やかに進められ、三ヵ国の経済は、事実上、一つの経済共同体に近づいていることを確かめることができる。

②域内市場統合に対する追加的要求

韓国をはじめとする東アジア諸国は、ヨーロッパとアメリカの市場の沈滞と東アジアの新興市場の浮上という新しい変化の趨勢に伴い、東アジア内における主体的な市場を確保する必要性が高まっている。これによって、韓中日の間には生産に必要な中間材の相互依存だけではなく、最終財の輸出市場の相互開放のためにも、相互間において市場を統合する措置を取る必要がある。

〈表5〉で見られるように、最近の約二〇年間、韓国の輸出はアメリカ、ヨーロッパの市場よりも、中国およびＡＳＥＡＮ（東南アジア諸国連合）に対する依存度を速い速度で高めており、このような趨勢は、大部分の東アジア諸国において現れた共通の現象である。

ヨーロッパとアメリカの市場の比重が減少する背景には、二〇〇八年のアメリカの金

〈表5〉　韓国の市場別輸出（単位：％）

	1990	2000	2009
総輸出（百万ドル）（％）	65,016（100）	172,268（100）	363,534（100）
中国	0.9	10.7	23.9
ASEAN	8.0	11.7	11.3
日本	19.4	11.9	6.0
EU	15.4	13.6	12.8
アメリカ	29.8	21.8	10.4

資料：IMF，韓国貿易協会.

融危機と、二〇一一年のヨーロッパの財政危機のような西欧資本主義の限界点の露呈が作用している。特に、最近のアメリカの金融危機は、「ウォール・ストリート」資本主義の非道徳的な利潤極大化の思考から誘発されたと見ることができる（不実担保を再活用した統合的な派生金融商品の商品化）。そしてヨーロッパの財政危機は、恩恵は受けても負担は負おうとしない南ヨーロッパ諸国の「モラル・ハザード」（財政の健全性を無視し政権維持だけのための福祉政策の拡大、恩恵は受けても負担は拒否する等の倫理意識の欠如）によって発生した危機という点で、西欧資本主義の問題点を露呈した経済危機と見ることができる。このような危機は、社会倫理的責任よりは、競争的に利潤のみを追求する新自由主義的経済思想から発源された危機であり、欧米型成長モデルの危機でもある。したがって当分の間は、これまでのような欧米市場依存型の成長を維持することは難しい見通しである。その代わりに、東アジアの域内市場の拡大を通じて、新しい成長モデルを探索しなければならない時期に立ち至っているのである。このような点で、東北アジア市場の統合の必要性は、再び高くなっている。

③世界秩序の再編による東北アジア共同体の必要性

他方、東北アジア諸国は、新しい世界経済秩序の創出のための経済的な中心軸を形成するという側面で、地域共同体の構築を必要とする。今や世界経済体制は、過去の覇権体制から多極体制への転換期に差しかかっている。二〇世紀末からは、アメリカ中心の覇権秩序が、ヨーロッパ、北米、東アジア間の三極体制に再編されている。これによって過去には世界秩序の受容者的位置にあった東アジアは、今や秩序創出的な位置へと、その国際的な役割が変化している。東アジアの中でも東北アジア三国が中枢的な役割を果たしているので、世界体制の中心軸を成すためには、共同体的な協力が要求される。特に、資本主義世界経済秩序が市場の非倫理性によって危機にさらされている現時点において、市場経済の倫理化を通じた新しい経済秩序の創出のためには、東北アジア共同体の構築は強調されざるを得ない。

2 東北アジア経済共同体の文化的な基盤——儒教文化的共通性

このような市場的基盤と東北アジア共同体の形成の必要性にもかかわらず、東北アジアにおいては、経済的であれ文化的であれ、地域レベルの共同体がいまだに形成されていない。その理由としては、韓中日の間における政治体制の相違や経済発展の度合いの差もあるが、最も重要な障碍要因は、近代史における葛藤的構造の残滓と、それによる相互不信の情緒的な障壁が作用しているからである。このような葛藤的構造を解消し、不信の障壁を除去するためには、地域住民たちが互いに文化的に共感できるものを形成し、情緒的な一体感を持つようにしなければならない。

東北アジアの場合、歴史的には東アジア文化圏と呼ばれるほど、共同の文化圏を形成してきた経験がある。しかし、共同文化圏の経験は互いに異なる近代化の過程を経ながら瓦解し、且つ、消え去りつつある。したがって我々は、東北アジア三国が共有してきた伝統文化的な共通点を再認識した上でそれを発掘し、地域共同体の形成のための文化的共通分母として活用する必要がある。こうした文化的共通分母の開発は、一方においては、韓中日三国間における歴史的な摩擦や情緒的な異質感を解消する手だてとなり得るし、他方においては、東北アジアの倫理的な伝統価値を再開発することによって、市場経済の倫理化に必要な思想的素材を創出するのに、大いに寄与し得るものなのである。ここでは東アジアの歴史の中に存在していた東アジア文化圏の内容を確認し、そこに通底している文化的共通性の開発の問題を検討してみよう。

韓国、中国、日本を中心とする東アジア地域は、歴史的に儒教や仏教、漢字のような文化遺産を共有しており、中国を中心とする文化的標準化の過程を通じて、いわゆる「東亜文化圏」(*2)を形成してきた地域である。歴史的に観察されている「東亜文化圏」は、中国本土を中心にして現在の韓(朝鮮)半島、ヴェトナム、日本などの地域が含まれる。「東亜文化圏」は、漢字、儒教、律令、中国の科学・技術(陰陽学、天文学、医学)および大乗仏教のような中国文化の要素を包括しているという点で、他の文明圏と区別される特徴がある(子安宣邦、二〇〇五年)。歴史的にこのような文化的要素の全てを含む文化圏が東アジア世界に形成されたのは、七―八世紀の隋、唐の時代であり、その後、一九世紀に清の勢力が衰退するまで、その命脈が維持されてきた。

「東亜文化圏」の構成要素の中で、仏教を除けば漢字、律令は儒教圏で主に使われている社会文化的な特徴であり、中国の医学、陰陽学なども、その相当部分が儒教社会の識者（儒士）によって扱われてきた。したがって、「東亜文化圏」の内で政治的・経済的秩序を樹立させてきた文化的な基盤は、儒教文化にその基礎を置いていると見ることができる。さらに東アジアに伝播した儒教は、宗教的機能ではなく、統治者の統治理念として、士（ソンビ／人）の修養哲学として、あるいは一般国民の生活規範として、統治者と国民の日常生活に積極的に介入する現実的文化体系であった。その結果、東アジアにおける伝統社会では、政治、社会および経済秩序は、主として儒教思想の影響を受けるようになったのである。

3　文化的共通性に基づいた倫理的市場経済圏の創出

最後に、儒家の経済思想は、東アジアにおける地域統合の文化的共通分母になり得るし、またこれを通して東アジアは、二一世紀の世界統合の中心軸の役割を果たし得るという点で、我々はその思想を、現代的に再吟味する必要がある。儒家思想は「天人合一」の思想である。人間による自然の征服ではなく、自然との調和を通じて人間の生を追求する思想である。儒家思想は人本主義の思想である。利潤の創出のみあって、人間が排除された市場制度ではなく、人が中心となって人のために交換が行なわれる人間中心の経済制度を創り出す際に必要な政策思想である。儒家思想は、節制を通じて隣人や自然が共に生きてゆく道を教えてくれる思想である。過剰消費を通じた欲望の噴出ではなく、欲望の抑制を通じて生産と消費が自然の循環と相応するようにしようとする思想である（李相益、二〇〇一年）。したがって儒家の政策思想は、今日、「地球村」社会が必要とする環境親和的な政策思想であり、「勝者独食」の競争原理を共存の秩序へ導く人道的な政策思想と評価することができる。

こうした経済思想は、「東亜文化圏」に属していた韓国、中国、日本などの東アジア儒教圏の国々が容易に共感できる文化的共通分母でもある。それと同時に、資本主義市場経済秩序の問題点を補正し、世界経済の持続可能な発展を成し遂げるためには、世界全体が受け入れなければならない普遍的な価値を持った経済思想でもある。したがって、東北アジア各国がこうした儒家思想を地域統合のための共同の政策理念として受け入れれば、東北アジア地域は儒教倫理と市場原理が融合した倫理的な市場経済圏に近づいていくことができよう。特に、道徳・倫理に基づいた儒家思想を共通分母として東北アジア共同体を構築する場合、東北アジア共同体は、長期的には市場経済の倫理化、倫理的価値の世界的普及を先導する機能を果たすことができよう。このような主旨に基づいて韓中日の共同体が形成されれば、それは経済共同体としての機能だけではなく倫理共同体であり、国際的な共存の秩序を尊重する平和共同体としての機能をも果たすようになるであろう。

五、結論

以上、論議してきたように、資本主義市場経済秩序に対する倫理的な経済思想の導入は、歴史的に儒教文化に根を下ろしている東北アジア経済圏内において優先的に試みる必要がある。

韓国、中国、日本などの東北アジア儒教圏内の国々は、文化的、歴史的な背景から見れば世界的に要求される経済の倫理化作業を先導するべき最適の国家群であり、その政治・経済的な影響力から見れば、そうした国際的責任と能力を同時に備えている国家群である。韓国、中国、日本は、東アジアの内においても市場経済と儒教的倫理思想の融合が、他の地域に比べて容易に遂行され得る地域である。また、文化的な共通性と倫理的な価値を共通分母にして、地域共同体の構築を試みることのできる地域でもある。もし、東北アジアにおいて韓国、中国、日本が一つの共同体を形成すれば、東北アジア共同体はこれら諸国が持っている文化的、経済的影響力を通して資本主義の世界経済秩序の倫理化を誘導していくのに、先導的な役割を担うことができるであろう。

世界的な歴史学者であるアーノルド・トインビー（Arnold Toynbee）は、すでに一九六〇年代に、儒教的世界観を持っている東アジアが世界統合の中心となり得ると展望していた（Arnold Toynbee, 1972.／池田大作、二〇〇三年）。その理由のひとつとして、儒教の世界観に示されている包容力と人文主義（仁）思想および人間と自然との調和思想を挙げている。国際経済学の大学者であるF・フクヤマ教授も、東アジアの道徳的資産と信頼尊重の思想は経済発展のための社会資本と見ており、ノーベル賞経済学者であるジェイムズ・M・ブキャナン（James M. Buchanan）も、物質的資本の蓄積を可能にするためには、道徳的資本が前提とされなければならないと述べ、道徳の重要性を強調したことがある。このように東北アジアの儒教圏の諸国が共有している伝統的な価値は、今まで東アジア諸国が実現してきた高度成長の社会的資本として作用してきており、今後は資本主義市場経済秩序の病弊を治癒させる治療薬としての機能をも果たし得るであろう。

東洋の倫理的経済思想の中で、私的な利益を享受する前にまずその正当性を思い（見利思義)、経済行為に臨んでは礼を以て節制した生活を営み(節之以礼)、自然と人間は一つの合一体であるため(天人合一)、自然をむやみに毀損せずに自然の順化原理に従って生産や消費を節制しなければならないという思想は、過去のものではなく、現在の資本主義システムにも要求される経済的な規範であると言わざるを得ない。したがって我々は、このような倫理的経済思想を市場経済秩序に反映させるための制度的基盤として、東北アジア経済共同体を必要とするのである。東北アジア共同体の形成は、その経済的・政治的支配力から見ると、事実上、東アジア全体の地域統合を可能にする契機となろう。統合された東アジアは、成長の速度、市場の規模、人口の規模ならびに文化的包容力の面から見て、世界全体の経済的、文化的な統合を主導する中心軸の役割を果たすであろう。

【註】

＊1 この論文は二〇一二年六月九―一三日(ソウル、オリンピックパークテル)、宗教平和国際事業団(IPCR)が主催した「東北アジア平和共同体の成立のための倫理的な課題と実践方案」についての国際セミナーでの発表原稿として作成された。

＊2 歴史、文化的に学界において議論されてきた「東アジア」とは、一般的に、韓国、中国、日本を中

心とする東北アジアの地域を指し示している。しかし、経済統合の対象地域としての東アジアとは、東北アジア地域と東南アジア諸国を含む地理的領域を指し示している。ここでは歴史的、文明史的概念としての東アジアを指し示すため、主として韓国、中国（台湾、香港）、ならびに日本を中心とする東北アジアを、その対象国としている。「東亜」の政治的、文明史的概念と地理的範囲については、和田春樹（二〇〇四年）、子安宣邦（二〇〇五年）を参照。

【参考文献】


孔子『論語』金炯瓚訳、弘益出版社（韓国）、二〇〇五年。

金日坤『東アジア経済発展と儒教文化』ハンウルアカデミー（韓国）、二〇〇四年。

『大学』金学株訳註、ソウル大学校出版文化院（韓国）、二〇〇九年。

ローマクラブ『人類の危機』キム・スンファン訳、三星文化財団（韓国）、一九七四年。

孟子『孟子』（『孟子論』シン・ドンジュン訳著、人間愛（韓国）、二〇〇六年）。

孫炳海「儒教的価値と東アジア経済統合」『国際経済研究』第一三巻第一号、韓国国際経済学会（韓国）、二〇〇七年、一―二四頁。

孫炳海「原始儒家の経済思想とその現代的意義――資本主義市場経済秩序の補正機能を中心に」『儒教文

化研究』第一八集、韓国、二〇一一年、五―三四頁。

李相益「儒家の経済思想と儒教資本主義論の限界」『哲学』第六六集、韓国、二〇〇一年（春）、二九―五二頁。

李弼佑『儒家の政治経済学』時空アカデミー（韓国）、二〇〇一年、一一二―一一三頁。

小原雅博『東アジア共同体――強大化する中国と日本の戦略』日本経済新聞出版社（東京）、二〇〇五年。

子安宣邦『東亜、大東亜、東アジア――近代日本のオリエンタリズム』李承妍訳、歴史批評社（韓国）、二〇〇五年。

和田春樹『東北アジア共同の家』李元徳訳、日潮閣（韓国）、二〇〇四年。

池田大作『アーノルド・J・トインビー――二十一世紀への対話（中）』聖教新聞社（東京）、二〇〇三年。

Bell, Daniel A., *China's New Confucianism, Politics and Everyday Life in a Changing Society*, Princeton, Princeton University Press, 2008.

Huntington, Samuel P., *The Crash of Civilizations and the Remaking of World Order*, New York, Simon & Schuster,1996.（『文明の衝突』イ・ヒジェ訳、ギムヨンサ（韓国）、一九九七年。）

Sen, Amartya, *On Ethics and Economics*, Oxford, Blackwell,1987.（『倫理学と経済学』朴巡城・姜辛郁共訳、ハンウルアカデミー（韓国）、一九九九年。）

Smith, Adam, *The Theory of Moral Sentiments*, Indianapolis, Indiana Library Classics, 1976, Original edition, 1759.
（『道徳感情論』パク・セイル／ミン・キョングック共訳、飛鳳出版社（韓国）、二〇〇九年。）

Toynbee, Arnold J., *A study of History*, London, Oxford University Press; Abridgement by D. C. Somervell, 1972.
（『歴史の研究』洪思重訳、東西文化社（韓国）、二〇〇七年。）

Weber, Max, *The Protestant Ethic and The Spirit of Capitalism*, Talcot Parsons, Trans., New York, The Scribner Library, 1958.

（翻訳・金永完）

日本人仏教徒からみた消費社会に関する一考察

川本貢市

フクシマの原子力発電所事故は周辺住民へ深刻な打撃を与えるとともに、日本国民のみならずアジアおよび世界中の人々を震駭《しんがい》させました。この事故を通して、多くの識者は人類が新たな価値観を創出するための転換地点に来ていることを痛感し、日本でもさまざまな議論が展開されています。しかし、一方、原子炉は、日本の資本主義システムに組み込まれた資本の「炉」であるとの指摘もあり、(＊1)慣性の力で動きつづけるこの巨大システムをただちに急速冷凍することもかなわぬ様相は、多くの利害が絡むメディアの報道の襞《ひだ》の随所におり込まれて、露骨に見え隠れしています。

本来、原始仏教の経済倫理はどのようなものであったのでしょうか。釈尊教団は出家者よりみれば、家を捨て、財を捨て、家庭経済の保護領域からも脱出することを意味していました。それに対して、日本人である私が生活する社会は、資本主義経済の、強いて言えば、在家（仏教）の教えのなかで生きる世界です。そこで、釈尊の教えを私たちの精神生活の基礎的な立脚地としてとりながら、物質世界——すなわち、現実の生活の場としての消費社会といかに関わり得るのか、紙幅の範囲で考えてみたいと思います。

釈尊教団では自給自足の活動を禁じていました。経典には、「食物がなければ、命はない。……食物があってこそ、後に〔仏〕道がある」[*2]とあります。出家教団としての釈尊教団は、衣食住のすべてにわたって財的援助を一般社会より受けており、そのため、現実的な教団維持の側面から一般社会のコモンセンスに反することとの社会からの指摘に対しては、釈尊は極力、随犯随制においてこれを禁止しました。釈尊は、多くの人々が利益《りやく》と幸福とを受けるために「法」を実践し、盛んにするよう出家者を激励する[*3]一方、在家信者には、まずその職業に精励することを説きました。釈尊にとって「社会は、なによりもまず、相互依存の関係にある一つの大きな職能的な秩序として、把握すべきもの」[*4]でした。釈尊は、「いかにして財を得るか？」の問いかけに、「適宜に事をなし、忍耐づよく努力する者は財を得る。誠実をつくして名声を得、何ものかを与えて交友を結ぶ」（『スッタニパータ』第一八七偈）と答え、「正直の徳を守ることによって世人一般の信用を得、それが富を得ることと密接な連関があると考えられていた」といいます。[*5]釈尊は在家者へは、収入を四等分する家計の管理を示し、正当な労働によって得た収入を①社会的な支出、②家計費、③稼業の運転資金、④不時の災害にそなえるための貯蓄にあてるとしています。(*6)

仏教では所有、すなわち、「取《しゅ》」の行為は自我に所属する観念（我、我所）として否定され、出家者にとっては、分配、すなわち、「捨」の行動原理として現れます。貰いすぎたり、食欲や必要がなかったりした時には、その衣食は同僚間で分配されました。このことを「清浄なる利養」といい、パーリの『涅槃経』にある「……修行僧のための規定にかなって得られたものを、……分配することなしに食することが無く、戒しめをたもつ共同修行者たちと仲よく分け合って食するならば、その間は、修行僧たちに繁栄が期待され、衰亡は無いであろう(*7)」に由来するといわれています。(*8)

また教団が大きくなり、組織化、制度化されていくにしたがって、分配の必要に迫られる場面はおのずと多くなり、不公平な分配による不満が教団内にも出てきました。(*9)そこで、すでに阿羅漢であったダッバ・マッラプッタが二〇歳となり、具足戒を受けて比丘となるや、分配者の役職をもうけることを提案し、みずからこの担当者となりました。そして宿泊する比丘へサンガの臥座具の分配や請食（食事の招待）の差配を行いました。

釈尊が、この役職者の資格として仏道修行の最高位〈阿羅漢〉（無我の体現者）である者としたことは、分配者の資格を考えるうえでも重要なことであろうと思います。このような分配原理やその資格等は、もちろん税を納める資本主義社会の税金の使い方を考えるうえにも有益であるでしょうし、共産圏や社会主義国における高官の汚職という点で、いっそう考えさせられるものとなるでしょう。

日本人である私が生活する資本主義経済の社会は、大量生産—大量消費—大量廃棄の現状から「もったいない」精神が称揚され、ものを大切にする少欲知足の精神で生きることの大切さが説かれます。しかし、大量消費に慣らされたこの社会に対して、出家教団のような共同体がそのまま適応させられるものではありません。そこで、在家仏教よりみた消費の意味を、むしろ、積極的に問い直す必要があるように思います。

消費の意味について考えてみるとき、社会学者の見田宗介は二つの分け方が可能であると考えます。一つはジョルジュ・バタイユの使う「消費」の意味での consumation〈充溢し燃焼しきる消尽〉であり、もう一つはジャン・ボードリヤールの consommation〈商品の購買による消費〉を提示しています。「La société de consumation とは、効用に回収されることのない生命の充溢と燃焼を解き放つ社会の経済」であるとし、「La société de consommation とは、商品の大量の消費を前提とする社会の形態である」とします。[*10]〈充溢し燃焼しきる消尽〉という概念からは、消費を積極的に捉え、そこには布施の観念に似た至高なものや喜び、力強さ、あるいは深い感動というものが生まれることを示しており、大量の資源の採取や自然の破壊や他社会の収奪を必要としません。一方、後者による大量消費の社会は、多量の資源の摂取と消耗を行い、廃棄物は増大する流れを繰り返すことになります。環境の汚染は進み易く、他社会を収奪し続けるというものです。「消費」は生きるためには欠かせないものですが、生きるという意味を問い直すことによる「消費社会」の転換は、前者の概念において構想することが可能となるでしょう。

　哲学者の内山節によれば、取引という関係を考えたとき、日本には取引の場面において商品の交換価値だけにとらわれない、地域地域の関係の文化を生かしながらの商品販売をしていたといいます。経済社会学者の渡植彦太郎は、それを「半商品」[*11]と呼びました。たとえば、生活困窮者に対しては支払いの請求を予《あらかじ》め延期したり、生活状況を慮《おもんぱか》って取り計らったり、「地域の人々の生活があってこそうちの商売があるということを前提とし」ていたと言います。[*12]また職人的な技術においては自分の仕事の責任として無償で行えるものは料金を取らずにメンテナンスを行い、いつか大々的な修理には、彼が請われて依頼されるということがありました。自然のなかで人間が豊かに暮らすために、「商品」との関係における豊かさの意味が新たに問われてくると思います。

そこで、お金の使い方も問われてくるでしょう。それを考えるための概念の一つが「冷たいお金、温かいお金」(＊13)です。「温かいお金というのは、お金の価値量に、額面以外の別の価値が追加されているお金のこと」であるとし、「冷たいお金というのは、まさにお金の額面しかないお金」(＊14)であるとします。私たちの周りには、たとえば、祖父・祖母から与えられる嬉しさが伴うお金があります。孫に与える嬉しさが伴うお金があります。これを社会に敷衍《ふえん》すれば、フェアトレードの商品の購入であるとか、社会的責任を果たしている企業の製品を採用すること等が考えられます(＊15)。

私たちは、お金とは何か、消費とは何なのかをもう一度問いただす必要があります。お金を使う人の意識や考え方で、そのお金がどう生きてくるのか、生かせないのかが表れてくると思います。仏教では、「ありがたい」、「もったいない」という考え方を大切にします。使えるお金と頂く商品のなかに、そのものの価値と同時に目に見えないものを感じます。関係性のなかで生かされ、生きていることに気づいたとき、心の中に感動が起こります。そこからまた、分かち合いの生き方が生まれるはずです。そのような考え方を持っていくならば、社会も経済も変わってくるのではないでしょうか。

合掌

【註】

＊1　中沢新一『日本の大転換』集英社新書、二〇一一年。

＊2　『出曜経』大正蔵四、七三四頁下。

＊3　『マハーパリニッバーナ・スッタンタ』（＝パーリの『涅槃経』）第三章第五〇節（*Dīghanikāya*, vol. II, pp.119-120.）。

＊4　大野信三『佛教社會・經濟學説の研究』有斐閣、一九五六年、一三三頁。

＊5　中村元『原始仏教の社会思想――原始仏教Ⅷ』中村元選集〔決定版〕第一八巻、春秋社、一九九三年、一六四頁。

＊6　大野信三、前掲書、一三三頁。

＊7　中村元訳『ブッダ最後の旅』岩波文庫、一九八〇年、二四頁。

＊8　友松圓諦『佛教に於ける分配の理論と實際（上）』春秋社、一九六五年。

＊9　「僧残法第八条」（*Vinaya*, vol.I, p.158.『四分律』大正蔵二二、五八七頁上〜。『五分律』大正蔵二二、一五頁上〜、等）。教団内の悪事は、多くは六群比丘に仮託する。

＊10　見田宗介『現代社会の理論』岩波新書、一九九六年、一二九頁。

＊11　内山節「日本の「むら」から未来を想像する」『農村文化運動』第一九三号、農山漁村文化協会、二〇〇九年七月、三九頁。
＊12　内山節、前掲論文、四〇頁。
＊13　内山節、前掲論文、四二頁。
＊14　内山節、前掲論文、四三頁。
＊15　佐藤武男「「企業倫理」を踏まえた生き方と社会的使命」『社会倫理と仏教』佼成出版社、二〇一二年、二八二頁。

東アジアの伝統と共同体の市場規律

李　道剛

一、社会関係の規則としての「仁」

東アジア社会の伝統思想である「仁」は、一種の社会関係と「主体間の性格」を明らかに示していると同時に、人間の自律と他律を含む人間関係における倫理規則を規定している。換言すれば、理性と自覚能力を持っている人なら主体が自ら定めた倫理法則（「克己」）を受け入れなければならず、理性に合致した行為を通じて最終的には自由を獲得しなければならない（従心所欲）。このような個人の自由と他人の自由の両立を保証するためには、「自分が立とうとするならば人を立て、自分が顕達（高位に登ること）しようとすれば人を顕達しなければならない（己欲立而立人、己欲達而達人）」（『論語』雍也第六）。「仁」が設定しているこのような義務は、まさしくそれぞれの社会の中で個人が真の意味における自由の実現を可能ならしめる一種の代価なのである。「仁」が内包している内容は極めて豊富であるが、大体二つの側面、すなわち主観的な個人の義務（「愛人」）と客観的な国家の義務（「仁政」）に関わっている。前者は「自分が立とうとするならば人を立てる」（己欲立而立人）という積極的な義務と、「自分が願わないことを他人に行なわせるな」という消極的な義務を含む。これに対し後者は、人格権と自由権を尊重する消極的義務と社会保障制度等を実施するような積極的義務を含む。

「仁」は「性善」に依拠している。人間の本性（天性）は果たして「善」であるか、それとも「悪」であるかをめぐる論議は、いかなる文化圏においても極めて重要な意味を持っている。なぜなら、この論議の帰結が、それぞれの文化圏の制度や文化の基本的なパターンを規定しているからである。キリスト教文化では人間の天性は利己的で、人と人との関係は「オオカミとオオカミとの関係」（トーマス・ホッブズ）とほぼ違いはないと見ている。他方において、人間は善と悪を分別することができ、また、ある程度は悪を捨てて善に従うことができるとも見ている。

これに対し儒教文化では、人間の天性は善良とはいえ（性本善）、後天的な影響を通じて変わり得ると見ている（習相遠）。現実の中に生きていく人間は決して絶対的な「善」にはなり得ず、また春秋戦国時代の儒教における「仁愛」思想から見ても、人間は依然として自我の視点から出発するので利己心を排除し得ない存在なのである。それでも、人間の天性はある程度転化され得るものである以上、前述した「仁」の二つの機能を必ず発揮しなければならない。しかしこれらを強制すると、その効果は極めて微弱なものとなる。その原因は、人間の行為から動機の道徳的初志を推測して断定することは極めて難しいからであり、これを広く宣伝してもただ単に表面上のものに留《とど》まってしまうのである。

教育は抜本的に改善する方法であるとはいえ、段階を踏んで徐々に進んでいくしかないため、やはり時間が必要である。だから人間をして悪を捨てて善に従うようにさせるための最も有効な方法は、やはり「人性」（人の生まれつきの性質）に合致した教育メカニズムの構築で、これも人を「人」として扱う「仁」の趣旨である。また「物質的な刺激」を適切に用いて人性の中の「悪」の一面に対処すれば、常に二倍の効果を収めることができるが、必ずその「度合い」の把握に注意しなければならず、さもなくば正反対の結果を招いてしまう恐れがある。

二、経済モデルへの転換と儒家正統思想の護持

周知の通り、計画経済と市場経済の相違は、前者は資源の分配について統一的な長期計

画を実行し、後者は市場を通じて供給と需要の関係を調節するというところにある。二つの極端な経済体制——中央管理経済体制と自由市場経済体制——の折衷方式としての社会的市場経済の趣旨は、競争効率原則、資源の合理的な配分および交換と正しい分配などの問題を一つに統一することにある。中国が一九九二年以降実行してきた社会主義市場経済は、政治イデオロギーにおける一部の内容を除去したこと以外には、形式的には、その運用の面において社会的市場経済と大きな相違点は見出し得なくなったということができる。

市場経済の実行は、何よりも競争原則と私有財産原則を確立するべきであると同時に、社会的均等と貨幣価値の安定をも保証しなければならない。指摘しておくべきは、ここで言う私有財産原則は、決して私有制の全面的な実行を意味するものではない。財産の部分的な私有化は、個人の基本的な自由を確保させ、その結果、創造の積極性を促し、最終的には社会全体の物質的な富を増加させる。財産権と経営権の分離ならびに国営企業内における株式制度の改造などの措置の実行は、いずれもこの思想に由来する。財産は、ある程度私有化を実行する必要がある。個人が創造的になるように励まし、もっと大きな「ケーキ」を作らせ、各個人がもっと多く「持てる」ようにすることは、決して均等あるいは公平の思想と完全に対立するものではなく、むしろ一つの問題の二面的性格を表すものなのである。

社会の最終的な目標は、人類に調和と幸福を与えることであり、「仁愛」（正義）がなければこの目標を達成することができず、発展（「ケーキ」）がなくてもこれを実現することはできない。したがって「効果と利益を優先しながらも、併せて公平にも配慮する」（効果優先、兼顧公平）は段階的に効果を収め得る正しい原則と言ってよかろう。「社会主義に市場が決して存在しないわけではない」という論説は、まさに計画経済時代の教訓を総括した箴言《しんげん》である。個人の創造性の発揮と効率の向上は、有限な資源を節約することになるため、倫理的価値基準に合致する。

社会正義の原則は、伝統的倫理の理念に合致するか？　ここでいう「正義」はもちろん、「結果の均等」のような「正義観」ではない。市場経済の総体的な目標は、持続的な成長、貨幣価値の安定、高い就業率と公平な貿易でなければならない。このような目標の下に、個人と企業は、消費と生産の計画を自ら決めなければならない。もし計画経済の実現の可否が人間の自覚に依存すると言うなら、市場経済の効率的な運営は、人間の責任、すなわち社会における個人の基本的な義務にあるということができる。例えば、新しい教科目である法経済学は、法律に対し定量的な経済分析を行なうと同時に、経済行為の正義性および合法性に対しても理性的な考察を行なうのである。

三、仁愛型正義は実質平等の問題

もしも自由が、ただ国家の不作為を要求することに限られるならば、このような自由の保障は明らかに不十分であるだろう。真の意味の自由には、人格の自由な発展を実現できる様々な現実的な条件——例えば経済的な条件——が含まれなければならない。ジョン・ロックの観点によれば、私有財産は自由の基礎たるものでもあり、自由と相互因果関係にもある。財産がなければ自由を実現することができず、自由がなければ財産を得ることもできない。得たとしても、またもや失ってしまうであろう。ヘーゲルは一歩進んで、財産は自由の「外的形式」であると考えていた。したがって法治国家の任務は、ただ単に個人の自由な空間に法的な保障を提供するだけではなく、物質面の解決、すなわち実質上の財産（自由）の分配の問題をも解決することにある。この意味で言うなら、法治国家は私有財産の不可侵性を確保するだけではなく、さらに侵害されないように保護しなければならないし、「各自の機能発揮と労働による分配」（各尽所能、按労分配）という正義的原則を実現しなければならない。

「正義」は、極めて広い意味を内包した倫理で、社会的カテゴリーに属し、各時代において注目を浴びている。ある意味では、フランス革命における「博愛」と中国伝統の「仁愛」は、精神的には等質のものを内包していると言うことができる。産業革命以降、経済が徐々に社会の物質的な基礎を形成し、それに伴って正義も経済倫理の核心的価値として位置づけられた。東洋と西洋の思想家たちは正義の問題に対し、それぞれ異なる見解を示し、異なる解釈を行なっている。しかし、有限な資源を合理的に配分するという近代西欧の経済観であれ、「経世済民」という東アジアの伝統的な経済観であれ、古今東西において経済的正義をめぐる論議は、いずれも一つの不変の「体」を中心として行なわれてきたようである。それぞれ重点が置かれた内容は異なっていても、「愛」を以て一貫している。

確かに経済は、ただ資源不足の問題の解決に力を注ぎ、有限な資源が最も合理的かつ最大限度に利用され得るか否かという問題だけに関心を示しているが、経済それ自体は手段にすぎず、目的ではない。これと同時に経済それ自体の倫理は、「多快好省」（より多く、より速く、より立派に）を実現しなければならない。社会的な市場経済は効果と利益および競争以外にも、個人財産の社会的な義務をも強調するものの、経済行為は自らの規律性を持っているため、すべての状況において助け合う友愛の精神を固く守り通すことはできない。したがって市場経済と倫理的な正義は、実際には、二つの異なる理論の範疇に属しているのである。倫理は、人間の行為規範に関する学説であるが、経済は有限な資源の合理的な分配に注目する。大多数の人が市場経済を認めている理由は、これを通じて物質文明が創り出されたからである。

しかし、現実の中でこの二つの価値は、内在的な連関性を持っている。例えば市場経済制度に対して倫理的な観点から私利私欲、残酷な競争、貧富の格差などのような疑問を提起することができる。なぜなら、これらは正義の精神に違反しているからである。事実上、経済は既に社会においてなくてはならない物質的基礎となっている以上、正義に関するいかなる学説も、何が良き社会経済制度なのかという問題に答えなければならない。すなわち経済活動における生産、分配、消費などといった様々な過程に対し、価値評価を行なわなければならないのである。いわゆる善良な経済秩序を実現するためには、何よりも先ず分配の正義が確保されなければならない。

経済は人間生存の手段であり、倫理は人間生活の目的である。アダム・スミスが既に二〇〇余年前に述べたように、パン製造業者がパンを焼くのは、顧客に対する愛のためではなく、自分の利益の追求に駆られているためである。真の意味における「仁愛」は、現実性を備えたときにはじめて価値があり、相手の立場に立って物事を考え、人の身になって考えなければならないのである。良い動機を持たなければならず、良い効果をも収めなければならない。人々が自由に才能を発揮できる空間を与えることを含めて、真の「仁愛」は人々が向上を求めて止《や》まず自立できるように助けなければならない。まるで親の子に対する愛のように、溺愛してはならず、他をして自力更生できるようにし、また内在的要素を主とし外在的要素を以て内在的要素を補助しなければならない。また個人の主観的な能動性の発揮と私欲の助長とを区別しなければならない（前者は天理、すなわち自然法である）。個人が社会において安定した生活の基盤を築き、心の拠りどころを持つことは、一つの権利だけではなく一つの義務でもある。いわゆる「自分から実践する」ということにはこのような意味が内包されなければならず、そして市場経済の動力は、まさに人間の自我と人類に対するこのような理性的な「義務」観にあるのである。利潤の追求は、倫理価値に合致するのであろうか？　それは利潤の取得が合法であるか否かを判断しなければならない。すなわち、「君子は財物を好むが、正当な手段でそれを取得する」のである。

以上で明らかになったように、孔子その人も富の蓄積に反対していなかった。西欧において財産の蓄積はキリスト教の贖罪（あがない）と関係している。マックス・ヴェーバーの見解によれば、宗教はいわゆる「資本主義精神」の倫理的な基礎であり、金持ちになることは現世における窮極の目標となるのである。儒教を代表とする東洋思想は、人生の目的は「仁」の境地を高めることにあり、それと生存の問題を解決する経済とは本末の関係にあると見ている。しかし、孔子や孟子の「義・利」観は決して両者を完全に対立させず、むしろ義を実現すればさらに大きな利が保証されると見ているのである。すなわち、「利を語る必要があろうか。仁義あるのみだ」（何必言利、仁義而已）。

四、結論

市場経済の理論モデルと「効果と利益を優先しながらも、併せて公平にも配慮する」（効益優先、兼顧公平）の原則は、東アジアにおける伝統倫理の中の「仁愛」の価値基準に符合するということができる。共同体を構築していく過程において発生し得る現実的な問題は、必ず改善しなければならず、それはまた改善し得るものなのである。「仁愛」の倫理原則は、東アジア共同市場の運営において不可欠な要素である。倫理と経済には優劣がなく、相互に排斥することもなく、また相互に代替され得るものでもない。東アジアの伝統倫理は、未来における市場経済の道義的基礎をなしていると同時に、共同体の発展と完成のために最も良い原動力を提供しているのである。

（翻訳・金永完）

経済的側面から見た東北アジア平和共同体構築のための倫理的課題と実践方法

呉　尚烈

序言　限界点に至った資本主義の世界経済秩序（新自由主義）

二〇〇八年、アメリカの金融危機に触発された世界経済秩序は、最近ギリシアを取り囲んだEU（ヨーロッパ連合）内の矛盾と反目、また他の危機の震源地として浮かび上がったスペイン問題で、薄氷の上を歩いている。蜘蛛《くも》の巣のように絡み合っている世界経済の網の中で、一か所でも破裂すれば、その破裂は全世界を回って、地球の隅々にまでその痕跡を非常に深く刻み付ける。その渦巻きの中で、世界の民衆の九九％は苦痛の中で呻きながら新しい世界経済秩序の構築を待っている。

このような資本主義の限界点を補い、持続可能な発展条件を維持していくための代案として、儒家の経済思想を中心とした経済学の倫理化、経済思想の倫理化を提示し、倫理的な市場経済秩序を創出するために、東北アジアにおける経済共同体の建設の問題について考察してみるのは、極めて時期適切で有益な試みであると思われる。

二〇一二年五月一三日、李明博大統領、温家宝首相、野田佳彦首相ら韓中日三国首脳が、韓中日FTA（自由貿易協定）についての交渉を年内に開始することにし、三国間における投資協定も、この日に締結した。これによって、東アジアにおける韓中日三国による経済協力は、一層加速化される見込みである。

しかし、国家と資本が主導する東アジア経済共同体の形成は、薔薇《ばら》色の展望のみを提供するわけではない。東アジアにおいても、一％対九九％の「富益富、貧益貧」（富者はますます富み、貧者はますます貧する）の経済秩序が固着し、かつ拡大していくか、それとも、より人間的で統合的な経済秩序が形成されるかは、宗教団体や平和団体を含む市民勢力の対応の如何によっているであろう。この点で、新しい経済倫理を樹立するための幾つかの提案を行ないたい。

一、各宗教の知恵から学ぶ経済倫理――聖書の経済倫理：「ヨベルの年」制度を中心に

イエス・キリストが宣教活動を開始した時に宣布した初めの説教は、「ルカによる福音

書」第四章第一七―一九節に見ることができる。イエスは、この説教で、「イザヤ書」を引用して、「主の恩恵の年」、すなわち「ヨベルの年」を宣布した。ヨベルの年は、七年ごとに訪れて来る安息年を七回過ごした一年後の年を指す。ヨベルの年についての内容は旧約聖書「レビ記」第二五章に詳しく説明されているが、概説すれば、ヨベルの年には次のような三つの事項が含まれている。

第一に、ヨベルの年には大地で農業を行なってはならない。これは、借金の抵当に入れた他人の土地を返さなければならないという、土地に対する事項である。第二に、貧乏で奴婢になった者を解放しなければならない。これは人に対して行なう事項である。第三に、お金であれ品物であれ、利息を得るためにこれらを他人に貸してやってはならない、すなわち、これは利息に対する問題である。

ヨベルの年が実施されたといわれるのは、今から約二五〇〇余年前の「バビロニア捕囚」期以後である。ところで驚くべきことに、ヨベルの年は今の世界資本主義秩序が無視している問題を正確に指摘している。すなわち、人間、土地、利息の問題である。しかもこれらの問題について、驚異的なほどにとても具体的に倫理的な指針を提示しているのである。

ここ（本セミナー会場）には、様々な宗派の宗教者が集まっている。したがってここは、各宗教が大切にしている価値や倫理が最も具体的に提示され得る場所であると思われる。ブレーキの掛からない現在の世界資本主義、無限に膨脹し元気な細胞を殺して、終局には自分自身さえ殺してしまう癌細胞のような世界資本主義の秩序を変えるためには、宗教者の役割が必要とされる。

二、経済成長ができなければ、私たちは幸せではなくなるのか？
――「成長指数」から「幸福指数」へ

二〇一二年四月、国連は「世界幸福報告書」（World Happiness Report）を発表した。デンマーク、フィンランド、ノルウェーなどの北欧諸国が大挙上位圏に布陣しており、日本は四四位、韓国は五六位を占めている。報告書は、「生産のみに集中しているGDP（国内総生産）を補完し、クオリティー・オブ・ライフと、生活環境を総体的に眺めることのできる幸福指数のような指標を有する必要性が、より多くの国家へと拡大されるだろう」と展望している。

最も高い幸福指数を有する国家は、人口八〇万人の小国ブータンである。一九七四年、ブータン国王ジグミ・シンケ・ワンチュクは、就任の二年後に、「国内総生産（ＧＤＰ）ではなく国民の幸福指数（Gross National Happiness：ＧＮＨ）を基準にして国を統治する」と発表した。ブータンは、その後、健康と時間の活用方法、生活水準、共同体、心理的幸福、文化、教育、環境、正しい政治の九つの分野における指標に基づいて、幸福指数を算出し政策に反映させている。

最近登場した多様な幸福指数は、クオリティー・オブ・ライフそのものが非常に主観的なものなので、これに対する信頼性はまだ確保されてないという限界はあるものの、国民の幸福指数（ＧＮＨ）は、単純な経済数値で生産と成長、開発のみに重点を置いた国内総生産（ＧＤＰ）が看過してきた多様なクオリティー・オブ・ライフに対し評価し得る良い道具に違いない。

最近、国連やＯＥＣＤ（経済協力開発機構）などが発表している「人間開発指数」や「幸福指数」は、国内総生産などの既存の経済指標によっては決して反映できなかった教育、政治への参加、自然環境、住居環境、職業、仕事と生活の均衡、保健、共同体生活、人生の満足度などといった所得分配や余暇生活、環境、福祉などのクオリティー・オブ・ライフに対して強調しているので、注目されつつある。

各宗教が持っている価値や倫理から、幸福指数や人間開発指数のような経済倫理を評価し得る具体的かつ包括的な指数――例えば、東北アジアの経済倫理指数のような東北アジアに適用することのできる評価指数が出るとすれば、経済協力の方向とレベルは一層具体的に引き上げられると思われる。

（翻訳・金永完）

第三セッション

社会・文化的側面から見た東北アジア平和共同体構築のための倫理的課題と実践方法

平和のための堅実な社会基盤整備の拡充

刀　述仁

尊敬する友人の皆様。

これまで私は何回も韓国を訪問したことがあります。この度は、中国宗教者和平委員会を代表して、ソウルで開催されるこのセミナーに参加することになったことを非常に嬉しく思っております。この席を借りて、今回、会議を主催し、私を招待してくださった韓国宗教平和国際事業団（ＩＰＣＲ）に心からお礼を申し上げます。

今回のセミナーの主題は「道徳を通じた平和の促進」で、今日の討論は「社会・文化・道徳」を中心に行なわれます。社会・文化・道徳はどのようにして平和を促進するのでしょうか？　私はそれは、平和を願う民意という堅実な基盤と、平和を守るための不断の「動力」に依存すると思います。

中国、韓国、日本の三国は近隣国として文化的にも相通じ、古来、友好な交流を続けてきました。しかし、近代に入ってファシズムと軍国主義によって発動された戦争は、この地域の平和を大いに破壊し、なにがしかの戦争の後遺症は、今日に至るまで平和と発展に暗い影を落としています。今日の世界は極めて大きな調整と変革の時期にあり、そこには機会と挑戦が共存しています。グローバリズムは各国間の関係を日増しに密接にさせており、どんな国家も自国のことばかり考え、他国のことを顧みない態度を取ってはならず、各国が共に挑戦に立ち向かって共に発展し共に繁栄していくことは、世界的に共通した認識であり、共に努力していくべき方向でもあります。中・日・韓が協力関係を強化していくことは三国の国民の利益に合致し、またこの地域の利益にも合致します。そのためには、社会各界の人々は責任を持って「平和を求め、発展を図り、協力を促す」という理念を大いに唱道しなければならず、歴史を鑑《かがみ》とし、未来に目を向けて、平和的発展に垂れ下がっている翳《かげ》りを除去し、平和的発展のための社会的民意の基盤を強固にし、またそれを強化していくために努力しなければなりません。

宗教は、平等、慈悲、博愛を志向しています。例えば、仏教では、世の中における一切の存在は、生成から消滅までのすべての過程が因と縁と果という関係で組み合わされていると見ています。ブッダによって提示されたこの法則を以て人類が頼り合って共に生きていることを理解すれば、世界平和は地球上において生活を営んでいるすべての生命体、家庭、民族、社会、国家と密接な関係を持っていることが分かるようになります。我々宗教者は信徒たちを教化し、物事を心に基づいて考えるようにし、お互いに尊重し合い、善意を以て他人と向き合わなければなりません。

中国は、「和」を尊ぶ国であります。隣人との信頼を重んじて互いに睦まじくし、平和を尊ぶ文化的伝統に立脚して、中国人はあらゆる国々が平和な発展の道を歩んでいくことを支持しております。中国の宗教界も、仲睦まじい文化交流活動を積極的に展開しております。中国の仏教界が主宰する世界仏教論壇は、二〇一二年四月に第三期を迎え、「仲睦まじい世界、一緒に願い、一緒に行く」(和諧世界、同願同行)というタイトルの下で、仲睦まじい世界の建設のために一緒に努力していくことを訴えました。中国の道教が主宰する国際道教論壇も第二期を迎え、仲睦まじく共に生きるべきことを唱道しました。また、中国イスラームによる教典の解読作業、カトリックの民主的運営、キリスト教による神学思想の構築などは、皆、各宗教の経典と教義の中の肯定的な要素への深い省察を通じて、人々がいのちを愛し、公衆道徳を遵守し、人々が善行をするのを助け、平和を尊ぶように導いているのであります。

中国宗教者和平委員会（中宗和）は中国で唯一の全国的な宗教平和団体として、「和」の理念を唱道し、平和教育を重要な任務の一つとしております。中国の宗教界では、「中宗和」の提案によって、毎年、世界平和のための祈禱を挙行しており、これは既に中国宗教界の自覚的な活動となりました。中国の全国的な各宗教団体は、国連の決議に呼応して多くの信徒たちが積極的に動き出し、仲睦まじい調和の理念を実践するように呼びかける宣言を発表しました。

「中宗和」は、「世宗和」（世界宗教者平和会議）と「亜宗和」（アジア宗教者平和会議）による対話を通じて平和を促進しなければならないという主張を積極的に支持し、「友好、平和、発展、協力」の原則に基づいて、他の国々と汎宗教的な平和団体との間における往来と交流を積極的に展開しております。「中宗和」は既に「韓宗和」や「英宗化」と交流体制を構築しています。「中宗和」は、二〇一一年四月、「世宗和」の本部、「米宗和」および「カナダ宗和」を訪問し、今年五月には「欧宗和」、「ベルギー宗和」、「仏宗化」ならびにロシアの汎宗教理事会を訪問して、友好的な交流を一層大いに展開していくことについて意見交換し、協議を行ないました。

友人の皆様。

今年（二〇一二年）は中日国交正常化四〇周年および国民友好交流の年であり、中韓国交樹立二〇周年および友好交流の年でもあります。この間、北京で開催された第五次中日韓首脳会談で、三国の首脳は相互尊重、平等互恵、障壁なき開放に基づいて、三国の関係が善隣・相互信頼、全面的な協力、互恵互利ならびに共同発展の方向に向けて前進することを推進すべく強調しました。私は、東北アジア地域の人々の友好的な交流という素晴らしい伝統を継承・発揮し、平和的な発展という民意の基盤をさらに強化することは、我々皆の共通した願いであり、また共通の目標とならなければならないと思います。我々は、各国の宗教指導者が平和、和解、協力を心から望んで「求同存異」（相違点は残しておいて、共通点を得るべく務めること）という広い心を持って、平等な対話と交流を展開していけば、この域内の安定と世界平和の構築に対し、必ず肯定的な促進作用を発揮できるであろうと信じます。

最後に、第三期世界仏教論壇のタイトルをお借りして、友人の皆様にお伝えしたいと思います。「睦まじい世界は心から始まるので、衆生の縁を和合し、同じ願いを込めて一緒に行きましょう」（和諧世界、従心開始、和合衆縁、同願同行）。

（翻訳・金永完）

東北アジア平和共同体の構築と倫理の社会的・文化的役割と使命

眞田芳憲

はじめに

第四回ＩＰＣＲ国際セミナーの第三セッション「社会・文化的な側面から見た東北アジア平和共同体構築のための倫理的課題と実践方法」（Ethical Challenges in Socio-Cultural Aspects and Best Practices for Establishing a Peace Community in Northeast Asia）において基調発題の機会をいただいたことに対して、先ずお礼を申し上げたいと思う。

すでに過去三回のＩＰＣＲの国際セミナーにおいて東北アジア共同体の構築をめぐって様々な観点から論議され、提言が行なわれてきた。東北アジア、特に日中韓の三国の間では政治関係は脆弱であっても、経済的・学術的・文化的交流は強化されてきている。しかも、日中韓三国間の経済共同体の可能性は今日、極めて現実化されつつある。しかし、それをもって直ちに東北アジア平和共同体が実現されるものではない。

その大きな障壁の一つが、言うまでもなく、朝鮮半島をめぐる南北朝鮮間の対立・紛争、および中国・ロシア対日本・米国というブロックの対立である。朝鮮半島の平和が東北アジア平和共同体の実現のための最も重要な先決条件であることは、衆目の一致するところである。

いま一つは、東北アジアには、ヨーロッパ連合（EU）の形成に見られる、ギリシア・ローマのヘレニズム文明という歴史的継続性と一体性、そしてさらに、キリスト教という宗教的・文化的一体性と連帯性という伝統が存在していないことである。仏教・儒教・道教・神道・キリスト教・イスラーム、その他諸々の自然宗教という多様な宗教と、豊かな固有の精神文化を誇る東北アジアにおいて、この地に住むすべての人々に共同体意識を共有させる普遍的価値、もっと具体的に言えば、普遍的共通倫理をいかにして創出するかという課題が、私たちに問われている。

この作業に着手することは、まさしく国民国家のフレームを超脱して、東北アジアの民衆の立場から東北アジアの「歴史」を紡ぎ直すという、歴史への新しい挑戦にほかならない。しかも、その挑戦には、他者の「歴史の記憶」への真摯な配慮、他者の「痛み」を同悲共感する魂の共有化、隣人として未来を共に生きる共生と連帯の志向とその具体的協働という実践が、絶対的な必要条件である。この挑戦は、勿論、一朝一夕に成就するものではない。しかし、私たちはこの理想に向かって、志を共にする人々と知的・精神的連帯を深め、日々、一歩一歩、歩み続けなければならない。

一、金龍成先生の歩まれた道から学ぶ

基調発題を行なうにあたって、私はこうした歩みを一生涯続けられ、愛の人生を生き抜かれた、偉大な先人を偲ぶことから始めたいと思う。その先人とは、仏教徒たる私とは信ずる宗教こそ違え、私の終生の師で、いまはすでに天国に召されている金龍成《キムヨンソン》先生（一九一九―二〇〇三年）である。金先生は、生前、キリスト者として韓国の社会福祉の向上と発展のために多大な貢献をなされ、「韓国の社会福祉の父」と讃えられた方である。本日ご参会の韓国の先生方の中には、金先生のお人柄や事績について知悉《ちしつ》している方々が数多くおられることであろう。

金龍成先生は、一九二三年、四歳の時、抗日地下運動で亡命した父を追って、母と共にシベリアに渡った。しかし、先生は間もなく母と死別する悲運に見舞われることになる。

一方、父は日本軍の憲兵に逮捕され、旧満州、現在の中国延辺朝鮮族自治州の延吉市に所在した憲兵隊司令部内の刑務所で拷問の末、獄死する。以来、先生は一〇歳で天涯孤独の人生を歩まれることになる。

二〇〇一年六月、私は「世界宗教者平和会議（ＷＣＲＰ）日本委員会」の代表団の一員として、先生の一行と延吉で合流し、北朝鮮孤児支援事業の現地調査を行なった。その調査の道すがら訪れた旧憲兵隊司令部の建物の前で、金先生は父の獄死の事実を淡々と語ってくださった。私たち一行は、先生の語られる言葉の一つ一つに胸が締め付けられ、同じ日本人として申し訳なく、ただただ懺悔の祈りを捧げるのみであった。

一九四四年三月、金先生は旧満州に近い会寧で朝鮮人孤児と日本人孤児のための会寧保育院（孤児院）を創設される。その際の先生と日本人孤児との出会いは、あまりにも有り難く、先生の人間愛に深い感動を禁じ得なかった。終戦前後の朝鮮半島、特に北朝鮮にあって親と離れ離れになって逃げまどい、暗黒の闇の中で寒さと飢えと恐怖にふるえ、隠れ潜む日本人孤児たち。その幼い子供たちを抱き上げ、保護した時の場景を語ってくださった金先生の言葉一つ一つに、これまた涙なくして聴くことはできなかったのである。

一九五〇年に勃発した朝鮮戦争の際、金先生は官憲から思想犯としてマークされ、命がけで慶州に逃れる。一九七二年一〇月、慶州の地に、先生は、一九四五年の終戦後、朝鮮半島に取り残された身寄りのない日本人妻を救済するための社会福祉施設として「慶州ナザレ園」を創設された。

反日感情が強かった当時である。金先生自身も、日本から様々な差別を受けた苦い経験の持ち主であった。その上、同じ韓国の人々から「なぜ憎き日本人を助けるのか」という非難と誹謗を浴びながら、「同胞の青年を愛してくれた日本人女性、しかも、差別する側にいることができた日本人女性であるのに、差別される韓国人青年の妻になった日本人を見過ごすわけにはいかない。そういう人たちをいい加減に扱ったら、自分たちの体面がすたる」と、常々、語っておられた。「慶州ナザレ園」は、まさしく朝鮮人男性と結婚し、戦前や戦後の混乱期に朝鮮半島に渡り、その後朝鮮戦争で夫を失うなどして孤独や困窮にあえいでいた日本人妻を保護、援助するために設立されたものであった。

二、いま、私たちに問われているもの

金龍成先生はご自身、日本軍国主義の犠牲者であった。祖国を奪われ、父を殺され、母を失い、差別と困窮の中に生きた人であった。先生の人生は、民族を超え、国境を超え、

敵味方を超え、憎しみや怨みを超え、十字架を背負って神の愛に生きた人であった。金先生は、国の壁、民族・人類の壁、言葉の壁、宗教の壁、文化の壁、そして心の壁を乗り越えて、互いに相手の違いを受け入れ、認め合い、常に弱き人々と共に歩み、共に生きる「平和の巡礼者」であり、『新約聖書』の有名な聖句を借用すれば、先生はまさしく「平和をつくり出す人」(「マタイによる福音書」第五章第九節)であり、仏教的に言えば、同悲共苦の慈悲に生きた菩薩の人であった。

私たちにいま、問われていることは、金龍成先生の歩まれた道を正しく知る「知道者」として、正しい道を開く「開道者」として、そしてまた人間として正しく生きる道を説く「説道者」として(『妙法蓮華経』薬草諭品第五)、東北アジアはもとより、世界の人々の幸福と平和の地平をさらに大きく切り開いていくことである。

三、東北アジア平和共同体の構築に向けての宗教者の役割

東北アジア平和共同体の構築にあたって問われるべきことは、それぞれの国、それぞれの地域の伝統的文化に深く根付いた霊的精神性と調和し得る普遍的な共通倫理を創出することである。ここにこそ宗教者の役割があり、使命がある。宗教者たる者は、その使命を

果たしていく上で、少なくとも次のことだけは心に銘記しておかねばならない。

　第一に、いかなる宗教も、その究極の絶対的真理として、生きとし生けるものの「いのち」の尊厳、人類の幸福と世界の平和の実現を目指すものである。すべての宗教教義の表現や信仰実践の所作、そして信仰者の信仰感情は、この究極の絶対的真理に対する人間の応答の形態でしかない。その応答の形態は、異なる歴史的・自然的・社会的・文化的状況の中でそれぞれ異なる多様性を持つにいたるのは当然と言わねばならない。

　それ故にこそ、現象面の相違をもって直ちに異質の信仰と断定し、感情的にこれを軽視し、排斥することも、他方、自己の信仰こそ唯一、真正にして絶対なるものとして独善的に主張することも許されないことになる。ここに、宗教者は自己の宗教の究極にある普遍的真理の目的とするものの実現に向かって、互いに心を開いて積極的に相互理解を深め、寛容の心で互いに知的・精神的連帯を強固にし、宗教対話・宗教協力の道を邁進しなければならない使命を負っているのである。

　第二に、私たちが志向する共通倫理の根本原理と想定され得るものとして、二〇〇六年、京都で開催された「世界宗教者平和会議（ＷＣＲＰ）世界大会」で採択された「京都宣言」の核心的概念である「共にすべてのいのちを守る」ことを目指す「共有される安全保障」(Shared Security)の思想は注目に値する。

人間は、過去・現在・未来という時間的関係においても、家庭・社会・国家から世界という地球規模の空間的関係においても、相互に依存し、相互関係性の中で「生かされて、生きている」存在である。「他者の安全なくして自らの安全はない」「他者の犠牲の上に自己の安全を望むことは、真の安全の確立にはならない」——これこそが「共有される安全保障」の倫理的基準であり、すべての宗教に共通する普遍的な考え方であり、そして東北アジアという国際政治の文脈においても理解され、実践できる指導概念である。

第三に、従来、宗教の関心方向は、ともすれば個人の内面的な霊的救われに向けられ、社会や世界の諸問題にいかにかかわるかという社会倫理に対する関心が稀薄になる傾向があった。しかし、今日、宗教は個人的領域における個人倫理はもとより、人権・平和・科学技術・生命操作・環境保全等の諸問題にかかわる社会倫理の領域においても宗教者としての社会的責任が問われている。いまや、宗教者は宗教間のみの宗教対話・宗教協力にとどまらず、宗教以外の他の分野における各界各層の人々との対話と協力が求められている。真の平和は、宗教共同体と市民社会、国連等の国際機関、中央・地方政府、経済・社会・文化等の諸セクター等の多様な社会の行動主体との対話、協力と連携によるアプローチによってはじめて実現可能となるのである。

第四に、自己の心の中に平和を確立せずして、社会・国家・世界の平和を語ることはできないということである。平和を構築するためには、言うまでもなく、私たち自身の「心の中に平和のとりでを築かねばならない」(ユネスコ憲章前文)。しかし、その「平和のとりで」は、私たちと、私たち人間を超えた絶対的存在者である「神・仏」との間に平和が実現されてこそはじめて築かれるのである。

以上のような原理的立場にたって、いま私たちが再確認しなければならない黄金律は、これを要約すれば次の原則となろう。

「私たちに生命の権利があるとすれば、私たちには他者の生命を尊重する義務がある。」

「私たちに自由の権利があるとすれば、私たちには他者の自由を尊重する義務がある。」

「私たちに安全と平和の権利があるとすれば、私たちには他者の安全と平和を尊重する義務がある。」

最後に、イスラームの預言者ムハンマドの言葉をもって私の基調発題を閉じさせていただきたいと思う。

「あなた方が自分自身を愛するように、兄弟や隣人を愛するようにならない限り、まこと

の信仰を持つとはいえません。」（サヒーフ・ムスリム）

ご清聴を、心よりお礼申し上げるものである。

キリスト教の自然理解と生命尊重に基づく平和的な実践

孫　貞明

去年二〇一一年、IPCR（韓国宗教平和国際事業団）国際セミナーに参加し、私は眞田芳憲教授を尊敬するようになりました。その眞田教授から金龍成《キムヨンソン》先生に関するお話を伺って、大変感動いたしました。金龍成先生は、「隣人をわが身のように愛しなさい」とおっしゃったキリストの教えを身を以て実践した方だと思います。

金龍成先生は韓国と日本の間に存在する様々な壁を越えて、お互いに相手の自分と違う点を受け入れて、またお互いに認め合って、いつも弱い立場の人々と一緒に歩みながら共に生きていかれた方です。「平和を創っていった証人である」と例を挙げてくださいましたことに感謝いたします。この例は、普遍的な共通倫理の創出に大変役に立つと信じます。

中国宗教者和平委員会の刀述仁様のお話、ありがとうございました。「調和」を重視する中国の宗教界では、さまざまな活動を通して各宗教の聖典や教理が持っている肯定的な要素を深く省察し、人々が公衆道徳を遵守するように、また、他人への思いやりを持つように、平和を追求しながら熱情的に生きるように導いているというお話が気に入りました。特に、中国人ムスリムの教典の解読作業に私も関心を持つようになりました。そこで私は、キリスト教において聖書の解釈に変化があるということを申し上げたいと思います。

旧約聖書の一番初めにある「創世記」第一章第二六節を見ますと、神様が万物を創造して最後に人間を創造しながら「私の姿に似た人間を造ろう！　それで海の魚と空中の鳥、また、家畜と野に住むすべての動物と、地の上を這うすべての動物を治めるようにしよう！」というお話が出てきます。

キリスト教が根強く定着している西洋社会では、万物は創造主である神様の被造物であると把握する、神中心的な世界観が確立されています。神様が擬人化されて、被造物に対して支配権を行使する「主人」として理解されています。そして、全能、無量、無限、至福、卓越などが神様の属性として規定されています。このような規定では、愛による自己犠牲とか苦難、忍耐、そして無力化は神様の属性として認められないのです。そのため

「神の似姿」としての人間は、科学と技術を通じて神様と同じくらいの力が得られると信じるようになりました。神様が世界の創造者であり、主人であり、持ち主であるように、人間もこれに相応するという方式で、世界の主人であり持ち主になろうと努力するようになりました。その結果、科学技術を利用して自然環境を征服し、ほとんど無差別に破壊するに至ったのです。現代科学技術の文明は発展と膨張、そして征服を志向して設計され、結局「支配体制」の性格を持っています。

しかし、正しいキリスト教の信仰は、人間と自然世界が神様の創造物であると見ます。宇宙の秩序も、人間自身も自らの力で生成されたのではなく、神様によって生成されたということです。

「創世記」に現れる人間と動物との関係を、過去には「搾取と被支配の関係」だと理解してきました。しかし、今日では、大きな光である太陽が昼を治め、小さな光である月が夜を治めるように(「創世記」第一章第一六章)、人間もこの地球という惑星の管理者として、生きている動植物たちを保護しなければならないということを意味すると思われています。地に対する人間の関係も、搾取ではなく管理的な保護者の性格を持つのです。そのほか生命体と自然世界に対する人間の関係は、主人である神様のための奉仕的な管理者としての関係にあるだけです。神様は創造世界を物理的に力で征服したり搾取したりしないで、愛の存在として保護します。牧者が自分の羊の群れと充分に意思の疎通をはかって羊の群れを治めるように（「ヨハネによる福音書」第一〇章第一〜一二節）、人間は自然の「面倒を見て仕えながら保護する」管理者の身分にとどまらなければならない、という意味として創造物語を理解しなければなりません。すべてのものは固有の様式で、お互いの中で、お互いのため、お互いによって暮らすということが、キリスト教信仰の基本姿勢です。「反生命的な支配―服従関係」を断ち切り、「新しい兄弟姉妹の親交関係」を構築しようと努力しなければならないでしょう。そして、すべての他の生命をまったく平等に尊重し、和解と一致を成しながら生活する時にこそ、歴史的な危機を乗り越えて、自らも神様から約束された永遠な生命に参加するようになると信じます。

中国でムスリムの教典の解読作業が進んでいるということに興味を感じました。これに関して、もう少し説明していただけるでしょうか？　過去の読解と違って、新しく解釈する部分があるのでしょうか？　そして世界仏教フォーラムと国際道教フォーラムでは、理論についてだけ論議したのか、それとも具体的な実践方法についても決議したのか知りたいです。なぜならば、私は神学的な理論と実践的な面の共同作業はもちろん、様々な方面への影響力を持っている方々と接触しながら、私たちがこの集会で希望する方向の価値観や倫理意識の変化を、その方々へ伝えていくという夢を持っています。彼らに私たちの協力者になってもらえれば、どんなに良いでしょうか。すなわち、マスコミの活用はもちろん、宗教者たちと有名芸術家たち、芸能人たち、スポーツ界のスターたちの中から、私たちと意を共にする協力者たちを探せば良いという気がします。

例えば、ヨーロッパで原子力発電所を閉鎖する過程で、キリスト教倫理学者たちの役割がこの上なく大きかったと聞きました。去年二〇一一年、ＩＰＣＲの集会で原子力発電所の問題が深く掘り下げられていたので、今年は私たちが、ＩＰＣＲの名義でローマ教皇に文書をお送りして、原子力発電所の閉鎖に関する倫理的な面から重みのある書簡を教皇から発表してくださるようにお願いし、教皇がそれをご発表になるとしたら、全世界の国家のリーダーたちにも影響力を及ぼすことができると思います。

私たちが具体的な計画を立てて行うためには、まず、情報を共有することが必要ですから、今までの世界仏教フォーラムと国際道教フォーラムでの内容をもう少し説明していただければありがたいです。

「社会・文化的側面から見た東北アジア平和共同体構築のための倫理的課題と実践方法」に対する討論

金　道公

東北アジア平和共同体構築のための倫理的な課題と実践のための国際セミナーに討論者として参加させていただき、誠に光栄と存じ、主催側にお礼申し上げます。

いわゆる東北アジアを構成している韓国、中国、日本、そしてこれを取り囲んでいるロシアやアメリカなどの勢力、これらの複雑な関係の中で東北アジアの平和は維持されています。それと同時に脅威要素も持っています。特に、韓中日三国は地理的文化的に多くの影響関係を持ちながら交流してきましたし、侵略と葛藤の歴史も同時に持っています。これは中国の刀述仁先生と日本の眞田芳憲先生が発表原稿で共に指摘しているところです。こ

特に刀述仁先生は、中国人は昔から和を重視してきたが、このような伝統に基づいて平和

と和解と協力のために「求同存異」の広い心を持つことを要求しています。
刀述仁先生の意見にまったく同感であり、「和」と「求同存異」（合意できる点については妥協し、相違点は保留にすること）を具体的に実現するためには、和合（打ち解けて仲良くすること）と、共存のための「和」と、「求同存異」の意味をより深く吟味することが必要であるような気がします。世の中の多くの人々が和合と共存について話していますす。しかし、そこに真心を込めて話す人は珍しく、多くの人は和合と共存を単純な美辞麗句くらいに使っています。少なくとも、韓中日の精神的リーダーである宗教者たちは、宣言的な意味での和合と共存を話すより、真心のある和合と共存と平和を話さなければならないと思います。

和合と共存（相生＝互いに相手を成長させ合うこと）のためには、まず、「違い」がなければなりません。「合」以前に「違い」がなければならないし、お互いに「相」があってこそ「生」が可能なのです。違うところがなく同じことだけなら、敢《あ》えて和と合を促すまでもありません。それに、他の存在のない単独者としての「生」というものは、想像でしかあり得ないことです。和合とは、それぞれ違うものの多様性を認めて、その差異を尊重することに基づいてこそ可能なのです。そういう意味で、和と求同存異を言われた刀述仁先生の意見は非常に適切なことだと考えられます。

お互いに違う相手との関係の中で、お互いの生とお互いの暮らしの共存（相生）が可能となるのです。このような和合と共存の基本原理は、個人が結ぶ「ヒューマン・リレーションズ」の概念としてだけでなく組織と組織、国家と国家の間にも、そして存在と存在の間すべてに適用できる普遍的な関係原理です。

しかし、一般的に私たちは、お互いに違いを認めないうえに、相手を自分に引き寄せて自分に合わせようとする傾向があります。相手を認めないで、自分の「生」だけ追い求めようとする傾向もあります。違いと多様性を認めないまま、相手を自分に合わせようとする態度の帰結は、この上ない利己主義になるしかありません。このような考え方が国家に適用されれば、吸収や合併を追い求める覇権的な帝国主義になります。

私たちは相手を認めていると言いながらも、その言葉の裏では競争相手としか思わない傾向があります。つまり、お互いに違う存在としての関係を生のベースに置くのではなく、競争的で排他的に受け入れる傾向があるのです。このような排他的な関係の中では、それぞれの存在は力とお金、すなわち、武力と資本力でその存在感を誇示して、その存在を認めさせようとします。このような関係は結局、無限競争体制の中で支配あるいは吸収の道へ向かっていくようになります。

一九～二〇世紀の歴史は、このような存在論的な考え方で形成されてきました。存在と存在との関係を相互対立的で競争的で排他的に理解する存在論的な考え方は、環境と自分を取り囲んだ世界を「他者」として認識して、それを征服して操りながら「利用する対象」と思うようになります。現代社会は、個人や国家などすべての単位において自分の存在を強化して、他の存在を排他的に捉える存在論的な考え方が頂点を見せています。

しかし、二一世紀に入ったこれからは、このような存在論的な考え方から脱しなければならないという反省が始まっています。また、その思想的な代案を仏教の縁起法で模索しています。これは眞田芳憲教授が指摘されたように、「人間は、過去・現在・未来という時間的関係においても、家庭・社会・国家から地球規模の空間的関係においても、相互に依存し、相互関係性の中で「生かされて、生きている」存在」というような流れになります。このような考え方は、仏教の縁起法を根拠にした思惟の結果と思われます。

縁起とは、〝paṭiccasamuppāda〟を翻訳した言葉であって、「〜によって、〜に依存して」(paṭicca)、「共に」(saṃ-)、「現れること」(uppāda) の意味です。初期経典である『雑阿含経』に「此有故彼有、此生故彼生、此無故彼無、此滅故彼滅」、すなわち「これがあるからかれがあって、これが生ずるからかれが生じて、これがないからかれがなくて、これが滅するからかれが滅する」という意味で、すべての存在の「生」と「滅」に関する原理を説明しています。このような原理を関係性の法則、相依性の法則と言います。この原理によれば、すべての存在は偶然にできたとか、何の条件もなく独りで存在するということはなくて、必ずその存在を成立させる様々な原因と条件の関係性、相依性によってできるということを意味します。

このような考え方は存在者の間の問題だけではなく、これからは国家間、組織間にも適用できる原理だと思います。仏教の縁起法は歴史的、思想的に少しずつ変化しました。ところが、世界の中にいるすべての存在の状態と運動に対して原因と条件、結果の関係性を立てる基本的な立場は変わらなかったのです。各宗派ごとにこの縁起法の基本原理に基づいて様々な教えが伝来したのです。

しかし、現在私たちは、このような縁起的な原理を理解しながらも、実際、生活において、組織において、社会や国家において、それを正確に適用していないのです。

このような宗教的、仏教的な原理を生活に適用し、私たちの社会や文化に適用していくためには、まず、私たちは宗教的な姿勢を真剣に立て、その姿勢を通していかなければならないでしょう。

このような宗教的な姿勢を堅持していくために、倫理的な姿勢を確立するために、具体的な実践に先立って次のようなことを提示してみます。

第一、「和合」と共存（相生）、そして「和」と「求同存異」の精神を勉強する時間と、これを具体的に生活に適用させて、成熟させていく時間を持ってみることを提案します。韓中日三国を往来しての勉強の時間も必要であり、各国ごとに成り立つ勉強の時間も必要なことと考えられます。

第二、東北アジアの平和と和合と共存のための、三国共同の祈禱を提言します。同じ祈禱文に基づいて、同じ日、同じ時間に各国で同時に実施する共同祈禱を提案します。

第三、過去の過ちを心より反省する懺悔の時間と、過去の記憶を減らすための赦《ゆる》しの時間を、それぞれの国で宗教者が中心となって、先導者となって進行していくことを提案します。

宗教者たちが中心となって宗教的、社会文化的な役割を果たすこと——これが宗教者たちがしなければならない最優先のことではないでしょうか。

東北アジア平和共同体構築のための倫理的課題と実践方法――市民社会的な文脈で

李　基浩

一、アジア――新しく構成される概念

一九八九年一一月にオーストラリア・キャンベラで開かれた第一次APEC（アジア太平洋経済協力）会議では経済閣僚が中心となっていたが、一九九三年からはAPEC首脳会議が一緒に開かれるようになったことで、歴代の各国首脳間の協力枠組みとして成長してきた。

一九六七年に始まったASEAN（東南アジア諸国連合）は、多国間経済協力はもちろん、地域安全保障を目標としている。特に、加盟する一〇ヵ国の東南アジア諸国は、決して韓中日をASEANに加入させない代わりに、「ASEAN＋3」と名付ける外交的な知恵を発揮している。ASEANの一〇ヵ国は皆、韓国とも北朝鮮とも同時に国交を結ん

でいるし、アメリカと中国の覇権主義に対して拒否感を持っている。

ＡＳＥＡＮ諸国も参加するＡＳＥＡＮ地域フォーラム（ASEAN Regional Forum：ＡＲＦ／一九九四年創設）には韓中日はもちろん、アメリカ、ロシア、オーストラリア、ニュージーランド、ＥＵ（ヨーロッパ連合）まで加入している。以後、インドが含まれ、二〇〇〇年には北朝鮮が加入して名実共に地域安全保障問題を扱う最大の公式会議体となった。

東アジア首脳会議（East Asia Summit：ＥＡＳ）は、ＡＳＥＡＮ＋３が中心になって、より強い連帯感を持った首脳会議へと発展させたものと言える。そしてここではアメリカとロシア、ＥＵなどが排除されている。すなわち、ＡＳＥＡＮ＋３に続いてオーストラリア、ニュージーランド、インドの一六ヵ国が加盟国となっている。これには、アメリカのアジア太平洋経済秩序の主導に対抗する必要性が背景となっている（アメリカとロシアは二〇一一年から正式参加）。

一九九六年、中国とロシア、カザフスタン、キルギス、タジキスタンによって上海協力機構が創設され、二〇〇一年にウズベキスタンが加盟して正式に発足した。

右に挙げたこれらの組織は、すべて国家中心の地域秩序である。また、いずれの枠組みにおいても、アジアが自らの秩序の中でアメリカをどのように位置づけようとしているのか、そして、アジアにとってアメリカとは何であるかという問題を抱えているのである。

二、戦後のアジア諸国の国家観

二〇世紀のアジア——近代化の過程（帝国主義支配、被植民地化）から成長したアジアは、独立のためにも経済成長のためにも「国家」が絶対的に必要だという認識のもとに、強い国家を取り囲んで競争に打って出る。その特徴は第一に、イデオロギー競争として現れる。第二に、朝鮮半島の分断を象徴する韓米日と北中ロ間の協力と緊張による同盟外交として現れる。第三に、アジアの国家単位の垣根は、冷戦という敵対的な共生関係によって「市民社会の断絶」として構造化される。

三、東北アジア諸国間の交流を妨げるもの

東アジア各国の「体制競争」（国家中心主義体制競争）は、時間との戦いの中で自国の発展経路を一直線に決めておいたので、脇見をする余裕がなかった。また、各国の国民同士の横の交流を行わずにきた韓中日三国は、地理的に接してはいるものの、実際にはアメ

リカよりも遠い国同士である。しかも、韓中日三国間には領土問題があり、経済、民主化の程度などにも大きな格差が存在している。このような非対称は、アジアがヨーロッパと異なって、容易にリージョナリズム（地域主義、地方分権主義）へ発展することができないことを暗示している。なおかつ、三国の体制競争は単純なライバル関係ではなく、反日感情を背景とした民族主義が根底に位置していて、過去の歴史認識の問題は「国家とアジア」や「市民社会とアジア」等を考えるときに、相変らず邪魔物として働く。

四、三国間の民間交流開始の契機

韓中日の三国は、一九六五年の韓国・日本の国交正常化、一九七二年の中国・日本の国交正常化、そして、一九九二年の韓国・中国の国交正常化にもかかわらず、市民間の交流が成り立つまでには、相当な時間が必要だった。それでも民間交流が始まった背景には、二つの要素がある。その一番目の背景は、中国が改革開放政策を進めて、一九七八年に資本が動き始めたことである。それに、ソウル・オリンピックが開かれた一九八八年、盧泰愚政権が施した北方（対共産圏諸国）外交を中心に国家間の関係が変化しはじめたことである。しかし、本格的な交流は二番目の背景にある。すなわち一九九八年、韓国の金大中大統領と日本の小渕恵三首相が「韓日共同宣言――二一世紀に向けた新たな韓日パートナーシップ」を宣言してから本格的な交流が行われるようになったと言える。

五、市民社会の努力――倫理的な観点から

1 歴史に関する新しい関係の設定

「韓国従軍慰安婦(挺身隊)問題対策協議会」(The Korean Council for the Women Drafted for Military Sexual Slavery by Japan)は、一九九二年に「日本軍「慰安婦」問題アジア連帯会議」(Asian Solidarity Conference for Military Sexual Slavery by Japan)を結成して、「慰安婦」に関する真相究明および法的補償を要求した。また、同会議は二〇〇〇年一二月八日から一二日まで、NGOと連帯して「日本軍性奴隷制を裁く女性国際戦犯法廷」(International Tribunal on War Crimes on Sexual Slavery by Japanese Military)を、靖国神社のすぐ側にある九段会館で開催した。

このような努力は、韓中日三国が集まって歴史教科書を作ることを可能にした。そのきっかけは、二〇〇〇年四月、日本の「新しい歴史教科書をつくる会」が作った教科書(扶桑社)が検定に申請された(二〇〇一年に合格が発表)ことであった。二〇〇一年、韓国

では「アジアの平和と歴史教育連帯」が結成されて、韓国、中国、日本の市民社会は二〇〇二年三月に「韓中日三国共通歴史教材」の開発事業を始めた後、二〇〇五年五月に『未来をひらく歴史――韓国・中国・日本＝共同編集 東アジア三国の近現代史』（発行元は韓国はハンギョレ新聞出版部、中国は社会科学院・社会科学文献出版社、日本は高文研）を発刊した（www.japantext.net 参照）。

2 国境を越える資産――環境倫理に関する努力

韓中日三国が気候の変動に共同で対応して、エネルギー問題および環境保護のために協力する。例えば、三国のＮＧＯが共同で運営する環境問題に関する情報ウェブサイト（http://www.enviroasia.info/）へのスタディー・ツアーを通じてお互いに理解し合い、協力し合う。

3 国家による暴力や戦争を防止するための平和倫理に関する努力

「武力衝突を予防するためのグローバルパートナーシップ」（Global Partnership for the Prevention of Armed Conflict：ＧＰＰＡＣ）、あるいは韓中日に台湾とロシア、モンゴルまでもが参加する東北アジア平和運動の枠組みを構築していくこと。

4　新しい経済秩序の倫理に関する努力

生協（生活協同組合）運動を通じての交流。社会に貢献する企業のあり方を模索しながら、「資本主義を超える共同体主義」と「民主主義を資本主義よりも優先させようとする新しい市場秩序」を模索する。

5　村落パラダイム（村落共同体における規範）に対する模索

国家（国民国家）に内在する暴力性を超えるための市民国家を模索する。

東北アジア平和共同体構築のための現代の生きた倫理観と食と自然への敬意

村上泰教

一、はじめに

日々、何時においても慚愧と懺悔を口にし、心を洗い、その澄んだ我が心の上に、今の自分が観ずることのできるレベルの仏をありのままに映し出す。そして、私と仏(＊1)は本《もと》より一つである、一体であると観ずる。仏はすべての命に内在しており、すべての命は仏に内在されている。つまり私と仏とすべての命は深い部分において平等であると自覚する。私はすべての命の幸いを常に念じている仏道修行者である。東北アジアのすべての命を始め、世界の、すべての命がまず言葉によった殺し合いを止《や》め、そして行動によった殺し合い、利権争いから救われることを願う。互いに互いを生かし合う叡智に溢れた世の中になることを私は祈っている。

平和を祈ることは簡単である。しかし、実際に平和な状態を実現するために行動することは困難であると皆考える。しかしそれは、それぞれの心の内に確信さえあれば、困難であると一見錯覚していることも決して困難なことではなくなる。儀式、儀礼的なものに留《とど》まることなく、真実の信仰心を持ってさえいればどのような人であれ平和を祈ることは簡単なのである。事態を困難とさせているのは、己の心に確信がないからである。疑いがあるからだ。いま私たちが走らせようとしている、国家のジレンマを越えた東北アジアの人々が乗り込む電車、その電車が終着駅に到着する姿を我々は想像できているだろうか。互いを尊び合い、生かし合える関係を築いた姿が私たちの眼には明らかに見えているだろうか。いま既に私たちがその姿を想像できているならば東北アジア平和共同体の構築の日は近いだろう。もしも、その終着駅に降り立つ人々の姿が自国の人間だけで映っているならば東北アジア平和共同体構築もまだまだ遠い日の絵空事にすぎない。そのような場合、我々は少なからず己の貪欲さを反省しなければならないだろう。あたかも白いシャツを洗うように自分の心を洗濯し直さなければならない。偏見を洗うのである。例えば私に純白の心のパレットがあるならば、他者のどのような絵の具の色もそのままに写し出すことができる。そこにさらなる利点を加えれば、その色が原色そのものであるのか、どのような配合によって表れている色なのかと冷静に、且つ確かに観察できることであろう。

　さて、二〇一〇年より始まるこれまでのセミナーでは各参加者が自国の心理状態を忌憚なく披露され、貴見を明らかにされた。歴史、軍備、政治、領土の問題、また青年同士が歩み寄ろうと努力する交流会の報告などは実に胸を打たれるものであった。回も重ねられ、求められる提言もより具体的なものへと段階を経ていることは、このセミナーが着実に相互理解と共生の共同体の構築を目指し前進をしている価値あるものであることが理解できる。本セッションにおける眞田芳憲先生の基調発題にもあったように、共通の普遍的倫理をいかに創出するかという挑戦はなかなか信頼関係の醸成されぬ東北アジアの国々、また人々にとって非常に良い一つの切り口となるだろう。

二、「食べなければ人は死ぬ」という一つの普遍的真理

　気候が違えば土地柄も変わる。国の文化形成や歴史の如何によっても一般常識は大きく異なる。そのようなことは周知の事実だが、以前から私はこれで本当に良いのだろうかと悩み、心を痛めていることが一つある。それは食事に関することである。とある国の仏教僧が食事のたびに決まって同じように残飯を皿に散らかし残すので、私はその光景が初め

は不思議でならなかった。よく聞けばその国では皿をきれいにして食べきることは、貧乏くさいことであり、美しいことではないという価値観を持っているのだということであった。日本の修行僧は「五観《ごかん》の偈《げ》」というものをよく唱え、米粒一つでも残さぬよう指導される。民間でも米粒一つを残すと目がつぶれると親から叱られるものである。また、ワンガリ・マータイ氏によって世界中に広められた「もったいない」という言葉も仏教用語から転じてできたものだ。さて、五観の偈には感謝と反省から始まり、暴食する貪欲、意に沿わぬ食事への嫌悪、一切の愚昧を戒める等の内容が示されている。では以下に紹介してみよう。

一．この食事がどのようにしてできたのかを考え、また食事が調うまでの多くの人々の手間、働きに感謝します。

二．自分の日々の行いは、世の中のお役に立っているのか。この食を頂くに値しているのかどうかよく考えます。

三．心を正しく保ち、貪《むさぼ》り、瞋《いか》り、愚癡《おろか》を持たないことを誓います。

四．食とは良薬なのであり、体を養い、正しい健康を得るために頂くのです。

五．ただ、仏道修行の道を得るために、この食事を頂くのです。

この偈は唐代、南山律宗の僧である道宣（五九六―六六七）の著作に起源し、宋代に黄《こう》庭堅《ていけん》（一〇四五―一一〇五）が僧俗のために約され、日本の禅僧である道元（一二〇〇―一二五三）が自身の著作に引用したことにより日本に広まった。この偈は道徳的普遍性の高い文章であるとして日本国内では幅広く扱われ、現在に至っている。禅系の仏教である韓国の曹渓宗等も一部で扱っているのではないだろうか。東北アジアの我々は元より歴史文化の中で思想を共有し、本当に良いものは学び合ってきたのである。

ここに私は、現代の東北アジアの我々がいま「食の在り方を改めて問い直す必要性がある」ことを提言したい。ではまず参考までに日本の食の現状を見てみよう。日本の食糧自給率は約四〇％であり、その残りは海外に頼っている。年間の食品廃棄物量は農林水産省の調査によれば約一九〇〇万トンとされ、その内で売れ残りや賞味期限切れとなり本来食べられるにもかかわらず捨てられているもの（食品ロス）は約五〇〇～九〇〇万トンあると推計されている。また食品ロスのうち、食べ残しの割合は五〇％である。ここでは確かな調査資料を準備できなかったので、日本の現状のみを挙げたが、食品ロスのうち、可食部の食べ残しの比率は三国とも大きな割合を占めているようである。

三、すぐれた道徳を共に模索し、命を守る運動を共に

普遍的倫理を基に社会的な道徳規準は作成されるものであり、それも推進されなければ全く役に立たない。まず日本の食の様相を見てみよう。日本仏教では人間に限らず山川草木にも同じく仏性(*2)があるという考えが古くから確立している。当然の如く野菜にも仏性(命)があると捉えている。よって日本人は口に入れるすべての食材(命)に対して「いただきます」という深遠な感謝を古くからささげてきたと言っても過言ではない。しかし、残念ながら現代においてはライフスタイルの変容と孤食・個食の増加、重ねては「いただきます」という言葉が宗教的であるという一部の訴えにより、信教の自由の原則をもとに公教育の一部の現場から食への挨拶、感謝の作法が排除されるなど、少年時代の貴重なモラル構築の場が破壊されているという悩ましい現状もある。

韓国、中国における市民社会の食の現状はいったいどのようなものなのでしょう。東北アジア平和共同体として高い精神性、普遍的倫理を共有しようと挑戦する者として、また仏の慈悲のもとに修行する僧侶として、是非伺いたい事項である。重ねていま、食品ロス、食の作法、食べ残しの問題を普遍的倫理を創出するための切り口とすることは、世界

的に見ても非常に理にかなっていることを訴えたい。それは何をもって言えるのか。世界の年間食料消費量の三分の一にあたる一三億トンが毎年廃棄されている中[*3]、世界第一位の死亡原因は何であろうか。この場にご参集の先生方は既によくご存じでありましょう。飢えと栄養不足が世界第一位の死亡原因なのである。毎日二万五〇〇〇人もの非常に多くの命が飢えと貧困により亡くなっている。[*4] この東北アジアにおいて、普遍的倫理をもって共に食の道徳を成熟させることは、平和共同体意識を構築する上でも大きな役割を果たすだろう。そしてその共通倫理は、飢えによって死にゆく命を救う運動にも直結するような人道的なものでなければならない。

四、むすびに

私は常々、一国の存亡というのはいつも、国のリーダーとまた市民が如何に洗練された文化、精神性、倫理、藝術などを築き上げ、保持しているかどうかに懸かっていると考える。「度が過ぎる」(貪欲)は破滅の道である。「もったいない」は、無駄になっている状態や、物の価値を十分に生かしきれていない状態を戒める概念、また自然や物に対する敬意、愛などの意思(リスペクト)が込められた言葉である。ヨーロッパ連合(EU)と国連では二〇二五年までに食品廃棄物を現状から五〇％減少させるという共同声明を発表している。人間の生の営みにおいて「食べる」は最も重要な事項である。食はすべての生命の根幹である。我々はいま普遍的倫理をもって食の在り方、食べもの、自然に対する道徳を改めて議論しなければならない。共に親身になり、すべての命と繁栄を守る上で心の内に起こる苦しみに対し共に苦悩し、叡智をもって東北アジア平和共同体の礎を築こうではありませんか。

【註】

＊1　歴史上のゴータマ・ブッダではなく、宇宙そのもの（天文学的な宇宙ではない）であり、また真理を尊格化した大日如来（Mahāvairocana）である。

＊2　仏の本性。仏となる種、要因。

＊3　『世界の食料ロスと食料廃棄――その規模、原因および防止策』国際農林業協働協会、二〇一一年。

＊4　国連食糧農業機関（ＦＡＯ）のデータによる。

【組織および監修者紹介】

韓国宗教平和国際事業団
（The International Peace Corps of Religions：IPCR）

韓国宗教平和国際事業団（IPCR）は、世界宗教者平和会議（WCRP）の韓国委員会である韓国宗教人平和会議（KCRP）内にある、平和活動を行なうための法人。

世界宗教者平和会議日本委員会
（World Conference of Religions for Peace Japan：WCRP Japan）

世界宗教者平和会議（WCRP、また Religions for Peace とも略称する）とは、1970年に設立された宗教者による国際組織。国連経済社会理事会に属し、総合協議資格を有する非政府組織（NGO）である。その理念は、世界の宗教者が手を取り合い、世界の人々が民族・伝統・考え方・意見等々あらゆるものの違いを認め合い、尊重しながら、平和に生きていける社会を実現しようとするというものである。現在 WCRP には、国際委員会をニューヨークに、さらに約90カ国に国内委員会があり、宗教や宗派を超えて平和実現のために協力する世界的なネットワークが構築されている。

日本における国内委員会が「WCRP 日本委員会」である。同委員会は、1972年に財団法人日本宗教連盟の国際問題委員会を母体として発足した。その具体的な活動は、国内のみならずアジア地域において、紛争地の難民支援・人権活動の支援・紛争和解の支援・紛争後の教育や開発の支援・自然災害時の緊急支援等々を行なっている。また、国連やユニセフなどの国際機関との協力体制づくりを進めるとともに、WCRP 国際委員会と連携しつつ独自の平和活動を展開して今日に至る。

山本俊正（やまもと・としまさ）

1952年（昭和27年）、東京都に生まれる。立教大学法学部卒業。関西学院大学商学部教授および宗教主事。東京ＹＭＣＡ主事を経て米国カリフォルニア州バークレー太平洋神学校に留学、ハワイ州ハリス合同メソジスト教会の副牧師、日本キリスト教協議会（NCC）総幹事を歴任。WCRP 日本委員会特別会員。著書に『アジア・エキュメニカル運動史』（新教出版社）等があるほか、論文が多数ある。

金　道公（韓国）
KIM Do-Gong（キム・ドゴン）
韓国円光大学校仏教学科教授。円光教教務。哲学博士。

李　基浩（韓国）
YI Ki-Ho（イ・ギホ）
韓国韓神大学校教授。「平和と公共性センター」所長。

村上泰教（日本）
MURAKAMI Taikyo
世界宗教者平和会議（WCRP）日本委員会青年部会幹事。

【執筆者紹介】（掲載順）

金　英周（韓国）
KIM Yong-Ju（キム・ヨンジュ）
韓国キリスト教教会協議会（KNCC）総幹事。

丁　世鉉（韓国）
JEONG Se-Hyun（ジオン・セヒョン）
韓国統一部長官。政治学博士。韓国円光大学校校長。

犬塚直史（日本）
INUZUKA Tadashi
前参議院議員。「世界医療団日本支部」設立会員。

金　永完（韓国）
KIM Young-Wan（キム・ヨンワン）
中国山東大学法学院副教授。法学博士。

厳　海玉（中国）
YAN Haiyu（イァン・ハイウィ）
中国延辺大学法学院副教授。

趙　長衍（韓国）
CHO Jang-Yeon（チョ・ジャンヨン）
韓国成均館大学校教授。

林　炯眞（韓国）
LIM Hyoung-Jin（イム・ヒョンジン）
韓国高麗大学校政治外交学科兼任教授。

山本俊正（日本）
YAMAMOTO Toshimasa
関西学院大学商学部教授兼宗教主事。

孫　炳海（韓国）
SON Byoung-Hae（ソン・ビョンへ）
韓国慶北大学校経商大学経済通商学部教授。

川本貢市（日本）
KAWAMOTO Koichi
立正佼成会中央学術研究所所長。Ph.D.。

李　道剛（中国）
LI Daogang（リ・ダオガング）
中国山東大学法学院教授。法理論学博士。

呉　尚烈（韓国）
OH Sang-Yeull（オ・サンヨル）
「キリスト教平和センター」所長。

刀　述仁（中国）
DAO Shuren（ダオ・スラン）
中国宗教者和平委員会（CCRP）副主席。

眞田芳憲（日本）
SANADA Yoshiaki
世界宗教者平和会議（WCRP）日本委員会平和研究所所長。

孫　貞明（韓国）
SON Jeong-Myoung（ソン・ジョンミョン）
韓国天主教主教会（CBCK）の教会一致と宗教間対話委員会委員。

東北アジア平和共同体構築のための倫理的課題と実践方法
――「IPCR 国際セミナー 2012」からの提言

2014 年 7 月 30 日　初版第 1 刷発行

著　　者	韓国社会法人宗教平和国際事業団 公益財団法人世界宗教者平和会議日本委員会
監 修 者	山本俊正
編集責任	中央学術研究所
発 行 者	岡部守恭
発 行 所	株式会社佼成出版社 〒 166-8535　東京都杉並区和田 2-7-1 電話 (03) 5385-2317 (編集) (03) 5385-2323 (販売) http://www.kosei-shuppan.co.jp/
印 刷 所	錦明印刷株式会社
製 本 所	錦明印刷株式会社

◎落丁本・乱丁本はお取り替えいたします。

ISBN978-4-333-02672-2　C0212

「アーユスの森新書」の刊行にあたって

アーユスとはサンスクリット語で「いのち」「生命」などを意味する言葉です。「アーユスの森」という言葉には、大自然の森に生かされて生きている人間の原風景があります。いのち溢れる土壌のもとに、森の多種多様な生き物の「いのちの呼応」が、豊かないのちの森の絨毯を織りなしています。

「アーユスの森新書」では、あらゆるものの中に潜むいのちを見つめ、私たち「生きとし生けるもの」がどのように自分のいのちを燃やしていけばよいのか、を問いかけていきます。そのために身近な出来事を含め生老病死の問題とどう向き合って生きていくか、という個人の生き方から、現代世界、現代社会が直面しているグローバルな諸問題まで、仏教学者や宗教学者など専門家だけではなく「いのちの森に共に生きる」さまざまな立場から取り上げます。

読者も専門家も「いのち」の大切さや不思議さを共に感じ、考え、生きていることを味わえる場にしていきたい。そして、青少年・学生・一般読者の皆様と共に生きる「アーユスの森新書」でありたいと願っています。

中央学術研究所は、これからも各専門分野の研究に取り組むだけではなく、その成果を少しでも多くの方と分かち合うことにより、よりよき社会・世界の平和へと微力ながら尽くして参ります。

中央学術研究所

（二〇一〇年五月改訂）